★本书由三亚学院海南旅游新业态研究中心资助出版

沧海踏歌，静水流深

——三亚学院邮轮管理与服务专业设立十周年论文集

主　编　亓　元　张颖超

副主编　王秋娜　裴盈盈　彭文静

哈爾濱工程大學出版社
Harbin Engineering University Press

内容简介

本书主要从邮轮产业链视角出发，对海南邮轮产业研究进行了系统梳理。全书包括四个方面：第一，海南邮轮产业发展及邮轮发展中的生态环境问题等研究；第二，邮轮运营（邮轮产业中游）研究，主要包括邮轮旅游产品、邮轮航线和邮轮市场营销等研究；第三，邮轮港口（邮轮产业下游）研究，主要包括港口竞争力提升研究；第四，邮轮产业运营支持研究，主要包括邮轮发展政策和邮轮人才培养等研究。

本书可以作为邮轮相关研究人员和从业人员的参考用书，尤其对海南邮轮旅游发展研究有很大的指导作用。

图书在版编目(CIP)数据

沧海踏歌，静水流深：三亚学院邮轮管理与服务专业设立十周年论文集 / 亓元，张颖超主编. —哈尔滨：哈尔滨工程大学出版社，2019.8

ISBN 978-7-5661-2393-0

Ⅰ.①沧… Ⅱ.①亓… ②张… Ⅲ.①旅游船-运营管理-专业设置-高等学校-文集②旅游船-旅游服务-专业设置-高等学校-文集 Ⅳ.①F590.7-53 ②U695.1-53

中国版本图书馆 CIP 数据核字(2019)第 173065 号

选题策划 史大伟 雷 霞
责任编辑 王俊一 于晓菁
封面设计 李海波

出版发行 哈尔滨工程大学出版社
社　　址 哈尔滨市南岗区南通大街 145 号
邮政编码 150001
发行电话 0451-82519328
传　　真 0451-82519699
经　　销 新华书店
印　　刷 北京中石油彩色印刷有限责任公司
开　　本 787mm×960mm 1/16
印　　张 8.25
字　　数 144 千字
版　　次 2019 年 8 月第 1 版
印　　次 2019 年 8 月第 1 次印刷
定　　价 35.80 元
http://www.hrbeupress.com
E-mail:heupress@hrbeu.edu.cn

序

邮轮旅游(cruise ship tourism)是一种以大型豪华游船为载体、以海上巡游为主要形式、以船上活动和岸上休闲旅游为主要内容的高端旅游活动。从旅游产业链角度来看,邮轮抵达之前、抵达、停靠、离开邮轮码头所引发的一系列产品与服务的交易(通常所指的邮轮旅游业),是一种介于运输业、观光与休闲业、旅行业之间的边缘产业。

现代邮轮旅游业是世界旅游业中发展最快的市场,具有消费水平高、经济拉动作用强、辐射带动区域大等特点。邮轮旅游产业具有诸多鲜明经济特征:全球化网络的节点经济特征、聚集性特征、规模经济特征、寡头垄断的市场结构特征、区域发展不平衡特征、邮轮运营的地理季节调配特征等。现代邮轮旅游业经过40多年的发展,呈现出一些显著的发展趋势:巨型化趋势、主题化趋势、近程化趋势和联营化趋势等。致力于发展邮轮经济的国内港口城市和企业,有必要认真分析邮轮经济的上述特征和趋势,并在开发中做出应对。

近几年,邮轮旅游业已经成为现代旅游业中最活跃、发展最迅猛的产业之一,被视为“漂浮在黄金水道上的黄金产业”。然而,邮轮旅游并未引起学术界的足够关注,研究成果还非常有限。近年来国际邮轮市场的倾斜,使得我国邮轮旅游业发展势头强劲,已成为我国经济增长的新方式和新领域。

同时,邮轮旅游业的运行与发展会拉动相关产业的发展,形成多产业共同发展的邮轮经济现象。邮轮旅游产业以海上巡游的豪华邮轮为其明显的识别特征,依托母港与停靠港及其所在城市的各类资源,主要推销豪华舒适的生活品质,以邮轮旅游产品为核心,向上、下游领域延伸,构成跨区域、跨行业、多领域、多渠道的种类丰富的旅游新业态。

随着邮轮旅游在我国的逐步兴起,我校自2008年起便着力于邮轮管理与服务专业人才的培养,经过多年探索和实践,在邮轮旅游发展研究与邮轮人才培养方面积累了丰富的、宝贵的经验。希望本书在刊印之后能对我国邮轮旅游的发展和邮轮人才的培养起到一定积极作用。感谢由亓元老师牵头的邮轮

研究团队多年来深耕邮轮旅游领域研究，有效地推动了区域邮轮旅游发展，对邮轮旅游人才培养做出了积极贡献。

三亚学院旅业与酒店管理学院执行院长

柴勇

2019 年 4 月

目录

“一带一路”视野下的三亚邮轮旅游发展对策研究

张颖超

摘要:邮轮旅游是海洋经济的一个重要组成部分。国际邮轮旅游飞速发展,且其重心开始转向亚太地区。中国逐渐成为世界邮轮市场关注的焦点。三亚具有漫长的海岸线及丰富的旅游资源。随着“一带一路”倡议的提出,三亚应该抓住机遇,充分发挥邮轮旅游优势,积极发展邮轮旅游及相关产业。本文运用 PEST 分析法,从政治、经济、社会和技术四个方面对三亚邮轮旅游市场进行深入分析,找出目前三亚邮轮旅游市场存在的问题,并有针对性地对三亚邮轮旅游市场拓展提出建议:加大宣传力度推广邮轮旅游、保障邮轮旅游安全、培养邮轮专业人才、开发邮轮新航线、丰富岸上观光线路等。

关键词:一带一路;邮轮旅游;PEST 分析;市场拓展

1 研究背景

邮轮旅游是“漂浮在海上的黄金产业”,能以高于 1:10 的比例带动其他产业发展。近年来,国际邮轮旅游发展迅速,且其重点开始转向亚太地区,中国逐渐成为全球邮轮市场关注的焦点。国内第三方数据研究机构(比达咨询)发布的数据报告表明,2016 年上半年,中国出境邮轮(邮轮市场)游客达 180.3 万人次,同比增长 79.76%,市场交易额(总收入)达 34.2 亿元。由此可以看出,国内邮轮旅游市场具有良好的发展前景,拥有巨大的潜力。

海南三亚是“21 世纪海上丝绸之路”上的重要节点。三亚应该抓住机遇,充分发挥自身海岸线漫长与旅游资源丰富的优势,快速发展邮轮旅游。近年来,三亚政府逐渐开始发展邮轮旅游业,重视邮轮旅游在旅游市场中的份额,推行了很多相关的法律法规,做了很多关于邮轮旅游的宣传推广。每年都有

很多国际邮轮停靠在三亚凤凰岛国际邮轮港，带来很多国内外游客到三亚观光旅游。

丽星邮轮是最早到访三亚的邮轮之一，其旗下的“宝瓶星号”邮轮和“双子星号”邮轮从2011年开始连续3年以三亚为邮轮母港。然而在2015年，丽星邮轮并没有以三亚为母港开通航线，且2016年全年，停靠三亚凤凰岛国际邮轮港的邮轮航次锐减，致使三亚邮轮旅游市场发展缓慢。究其原因不难发现，虽然三亚的邮轮旅游市场潜力很大，客源数量庞大，但三亚邮轮旅游业发展很慢，固定客源少，港口还在建设中，市场没有得到很好的拓展，邮轮旅游所占市场份额也不高，旅游宣传力度不够，产品营销不够全面，游客重游率也不高，因此还有很多问题亟待发现和解决。

2　三亚邮轮旅游市场PEST分析

2.1　政治要素

2016年11月，国务院办公厅印发的《关于进一步扩大旅游文化体育健康养老教育培训等领域消费的意见》提出：“制定出台邮轮旅游发展总体规划。规范并简化邮轮通关手续，鼓励企业开拓国内和国际邮轮航线，进一步促进国内邮轮旅游发展。”2016年，海南省五届人大四次会议提出，海南要加大旅游开放合作，打造丝路国家邮轮旅游经济带，借助岛屿观光政策论坛，争取成立“21世纪海上丝绸之路”旅游联盟，联合打造国际精品旅游线路和旅游产品；支持国外邮轮公司在海南省注册经营机构，运营国际航线业务；鼓励支持国外邮轮公司与海南省企业合作、合资设立国际邮轮公司；推动开通海南与“一带一路”沿线国家之间的邮轮航线和直飞航线；加强与天津、上海、广州、青岛、厦门等国内主要邮轮港口城市的旅游联合，积极打造丝路国家邮轮旅游经济带。三亚凤凰岛国际邮轮港适应三亚市委、市政府做大做强邮轮产业的总体战略，适应国家“一带一路”倡议的重要切入点；是推动东南亚国际航运中心建设的重要项目之一；是助力南海旅游发展的重要布局。三亚凤凰岛国际邮轮港已联合国内外7家邮轮企业成立了“21世纪海上丝绸之路”邮轮旅游发展联盟，这7家企业为广州南沙国际邮轮码头、韩国济州邮轮产业协会、马来西亚马六甲黄金港、深圳太子湾项目部、新加坡邮轮中心、厦门国际邮轮港、舟山群岛国际邮轮港有限公司。三亚将继续广泛开展与国际邮轮公司的密切合作，积极携手中国交通建设集团有限公司、香港中旅（集团）有限公司共同发展邮轮产业，高起点规划、高水准建设国际邮轮母港，不断提升三亚邮轮产业发展水平。

2.2 经济要素

（1）可支配收入

图1为历年三亚城镇人口人均可支配收入与消费支出曲线图。从历史经验来看，当区域内人均GDP（本书GDP核算期为1年）达到8 000至10 000美元时，邮轮市场将得到初步发展。2015年，我国人均GDP为5.2万元，约合8 016美元，所以邮轮市场将会开始初步发展。2015年，三亚GDP达435亿元，人均GDP约合9 414美元，足以满足邮轮市场初步发展的条件。

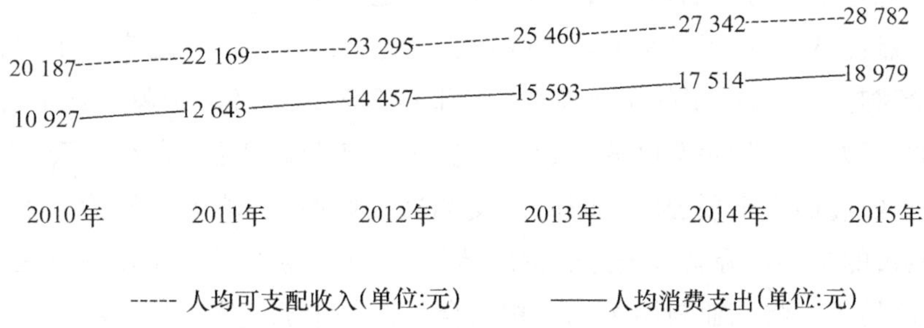

图1　三亚城镇人口人均可支配收入与消费支出曲线图

由图1可以预见，三亚市的人均可支配收入与消费支出会持续稳定增长，与此同时，我国人均国内生产总值也在不断增长，国民经济不断好转。这就意味着我国的邮轮旅游客源将得到快速拓展，中国必将成为未来邮轮旅游的较大市场。三亚以其得天独厚的地理位置优势与凤凰港口的建设，更能成为邮轮旅游发展中的重要港口城市之一。

（2）三亚客源

由表1可以看出，近几年到三亚旅游的境内外游客数量呈现上升趋势。这充分说明三亚的潜在客源市场是很庞大的。

表1 三亚游客数量统计表（单位:人次）

年份/年	接待过夜游客总数	入境过夜游客	入境过夜游客			境内过夜游客
			外国人	港澳同胞	台湾同胞	
2015	14 957 271	358 184	233 555	75 652	48 977	14 599 087
2014	13 527 749	388 637	275 955	66 522	46160	13 139 112
2013	12 283 977	481 851	369 895	59 779	52177	11 802 126
2012	11 003 807	463 015	353 327	53 615	56073	10 540 792

2.3 社会要素

(1)三亚的社会文化

三亚是中国南部的热带滨海旅游城市，是中国空气质量较好的城市，并且拥有天然优良港口，现已是蜚声海内外的观光胜地。三亚旅游资源丰富，可以成为全球邮轮旅游网络的重要节点。三亚的独特地理环境造就了其丰富的旅游资源:亚龙湾国际旅游度假区、海棠湾、天涯海角风景区、大小洞天、南山文化旅游区、鹿回头山顶公园、西岛、蜈支洲岛度假中心、落笔洞旅游风景区等。周边县市的旅游资源有呀诺达热带雨林、槟榔谷原生态黎苗文化旅游区、五指山、尖峰岭等。将三亚与周边城市相结合开辟一个旅游圈，可规划成为“大三亚旅游圈”。三亚发展邮轮产业的条件得天独厚，邮轮旅游的品质有很大的提升空间。

(2)高校人才

三亚的本科院校有海南热带海洋学院、三亚学院，职专院校有三亚理工职业学院、三亚城市职业学院、三亚航空旅游职业学院等。其中，三亚学院开设邮轮管理与服务专业，是全国第二所开设该本科类专业的院校。该院校每年都能为邮轮公司输送大批应用型人才，能够为三亚邮轮市场的拓展提供后备人才力量。

为了更好地培养学生适应社会的能力，使学生毕业后成为邮轮专业人才，拓展邮轮服务链，学院不仅与邮轮相关企业进行合作，建立校企合作伙伴关系，还不断加强与凤凰岛国际邮轮港的合作，定期输送学生参与凤凰岛国际邮轮港的志愿服务、港务区实训工作等，让学生充分了解港口的运作模式，让学生学以致用。

2.4 技术要素

(1)邮轮港口建设

三亚拥有天然的优良港口条件,三亚凤凰岛国际邮轮港从2006年11月开始筹建,现已投入运营。同时,其二期工程也在紧锣密鼓筹建之中,其中包括新建15万吨级和22.5万吨级码头各2个。三亚凤凰岛国际邮轮港二期码头建成后,三亚凤凰岛国际邮轮港将能同时停靠6艘3万~25万吨级的大型国际邮轮,其建设规模和建设水平将使其成为亚洲最大、最好的邮轮母港之一。

三亚市不仅正在筹建邮轮母港,还在加快建设邮轮的配套设施,提升服务,力求打造完整的邮轮产业链。三亚凤凰岛国际邮轮港不仅建有邮轮靠泊的专用码头和联检楼,同时还是集邮轮枢纽、旅游观光、休闲娱乐、酒店办公、商业活动等功能于一体的国际一流的邮轮母港综合体。它不仅能供邮轮停泊,为邮轮供应物资,还为游客提供休、娱、购等全方位服务,同时建有游艇码头供游客出海观光娱乐。随着三亚凤凰岛国际邮轮港的建立,已有多家公司和三亚凤凰岛进行合作,开设了很多以三亚为母港的航线。只要母港能建成,三亚就可以成为国际邮轮母港旅游城市综合体,就能够提高三亚在国际旅游城市中的地位。

(2)本土邮轮及公司

2016年4月,"北部湾之星号"邮轮揭开了三沙旅游的序幕,于4月13号首次执行西沙航线(三亚—西沙)。2016年7月,中国远洋海运集团开通第二条赴西沙群岛的游轮航线。随后名为"南海之梦"的邮轮开通南海航线。由渤海轮渡股份有限公司投资的我国首艘全资、自主经营、自主管理的国际邮轮"中华泰山号"邮轮在海口市召开新闻发布会,宣布该邮轮加盟海口邮轮航线,且将于2017年1月开通越南航线,由海口出发驶往越南的下龙湾、岘港。海口市旅游发展委员会调研员文德林认为,海口至越南邮轮航线是一条非常重要的水上黄金航线,它的开通对促进海口境外旅游、增加游客在海口的过夜人次、提升旅游消费水平、加快推进全域旅游建设具有非常重要的意义。

3 三亚邮轮旅游发展对策与展望

尽管三亚邮轮旅游发展优势明显,但发展过程中仍客观存在着一些问题。

突破邮轮旅游发展瓶颈需要从政治、经济、社会和技术四个维度实现创新，特别是政府应发挥其重要作用，积极开展改革创新。

3.1 开拓邮轮航线

三亚应结合“一带一路”倡议拓展现有邮轮航线。目前，以三亚为始发点或停靠点的邮轮航线只能前往越南，航线极其单一，缺乏吸引力，因此需在政策的支持下，结合三亚独特的地理环境，打造特色航线。

（1）东南亚航线

①“三亚—西沙—岘港—三亚”航线 该航线为短航线，整个航程历时四天三晚，游客在航程中将体验南海风情。

②“三亚—西沙—芽庄—胡志明—柬埔寨—曼谷—三亚”航线 该航线为中长航线。

（2）东北亚航线

①“三亚—台湾—上海” 航线 该航线为短航线，整个航程历时四天三晚，游客可以玩转台湾。

②“三亚—日本—上海”航线 该航线为中航线，整个航程历时五天四晚，游客可以畅游日本。

③“三亚—韩国—上海”航线 该航线为中航线，整个航程历时五天四晚，游客可以畅游韩国。

④“三亚—日本—韩国—上海”航线 该航线为长航线，整个航程历时八天七晚，游客可以畅游日本、韩国。

3.2 加大邮轮旅游营销宣传力度

2015 年，三亚 GDP 达 435 亿元，人均 GDP 约合 9 414 美元，足以满足邮轮市场初步发展的条件，加之三亚每年接待大量入岛游客，邮轮旅游市场潜力巨大，因此，三亚市旅游管理部门及相关企业应加大对邮轮旅游的宣传力度。例如，充分利用媒体、节庆活动、展览会等营销平台；定期举办邮轮峰会，邀请各界各级人士参加；建立三亚邮轮产业服务网站，提供邮轮旅游信息咨询等服务，增强三亚市市民及外地游客对邮轮旅游的认知和了解。

同时，应就大家关注的邮轮旅游安全问题进行诠释。邮轮的出行时间、航线都是根据当地的气候状况和海洋状况精心安排的；邮轮吨位大，在海面上行驶会很平稳；邮轮配备了先进的平衡装置，可以减少船体的晃动；邮轮提供免费的晕船药，乘客可以到前台服务处领取；邮轮配有医务室，可以应对紧急情况。此外，邮轮上每个房间都配有救生衣、氧气瓶；每艘邮轮都有够两倍乘客使用的救生艇、救生筏；每位海员都参加过专业的逃生、救生培训及演习；现在通信技术发达，若遇到突发情况，邮轮公司一定会保证每位游客的安全。

3.3 加大邮轮专业人才培养力度

三亚需注重对邮轮旅游专业人才的培养，充分借鉴其他国家和地区的经验，采取“走出去”“请进来”的办法，吸纳发达地区的邮轮旅游管理人才到三亚从事邮轮旅游工作；同时积极创造条件，选拔有能力、高素质的人才去发达国家和地区学习，加强对邮轮旅游专业人才的培养。三亚政府也可与相关院校进行合作，共同培养、培训专业人才。要健全相关高校和培训机构的体制，引入邮轮相关课程，培养大量优秀的邮轮旅游业工作人员；鼓励国际著名邮轮公司或境外邮轮培训机构与作为三亚市人才培养基地的三亚学院、三亚理工职业学院等高校合作完善邮轮旅游专业，打造专业的邮轮人才队伍。

3.4 丰富岸上观光线路

依托三亚旅游资源，开展一系列旅游休闲特色服务，紧密结合三亚市的历史人文、生态景观，吸引乘坐邮轮来三亚的游客参与一日游（如南山一日游、天涯海角一日游、千古情一日游等），体会三亚这个中国热带海滨城市的特色及文化的多样性，给予游客不一样的地方旅游感受。

3.5 加快推进凤凰岛国际邮轮港建设

政府要助力加快推进三亚凤凰岛国际邮轮港二期建设，完善其配套设施与服务。国际邮轮港应具备配套的联检大厅、酒店、公园、购物场所等。

4 结论

三亚邮轮旅游业自 2010 年起进入了发展的小高峰期。丽星邮轮自 2011 年起连续四年设立以三亚凤凰岛为母港的航线，而 2016 年全年，三亚凤凰岛并没有设立母港航线，且接待的停靠游轮仅有几十个航次。笔者认为，要突破这一瓶颈，需要多方参与。政府应该在制定邮轮旅游产业政策、建立管理机制、引导和培育市场主体、制定统一规划、吸引游客等方面做出更多努力，才能保障三亚邮轮旅游产业快速持续健康发展。

参考文献

[1] 罗霞. 多项政策助力我省邮轮游艇产业发展[N]. 海南日报,2015-10-16(4).

[2] 索冬冬. 邮轮产业惠及四大行业[EB/OL]. (2014-03-20)[2018-12-09]. http://news.163.com/14/0320/07/9NOVPJFK00014AED.html

[3] 吴生林. 我国邮轮产业政策出台将迎新发展阶段[EB/OL]. (2014-10-20)[2018-12-09]. http://www.chinairn.com/news/20141020/08494634.shtml

[4] 徐静涵. 海南将加强产能合作 打造"丝路国家邮轮旅游经济带"[EB/OL]. (2016-01-26)[2018-12-09]. http://www.hinews.cn/news/system/2016/01/26/030095995.shtml

[5] 张学智. 三亚大力推进国际邮轮产业发展[EB/OL]. (2015-09-21)[2018-12-09]. http://finance.sina.com.cn/roll/20150921/222223308478.shtml

[6] 汪鸿. 中国邮轮产业发展报告(2015)[M]. 北京:社会科学文献出版社,2015.

基于供求理论的三亚邮轮旅游发展研究

王秋娜

摘要：三亚的邮轮旅游市场发展不平衡，经济基础薄弱，基础设施落后，邮轮产业发展层次较低，相关研究和高端人才培养等方面与其他省市的差距较大。本文根据三亚邮轮旅游市场发展现状，采用理论结合实际的分析方法，就如何充分利用三亚地理、政策等资源优势，提出切合实际的具体策略；并从产品供给和市场需求两方面进行调查，总结出改进、完善三亚邮轮旅游市场发展的具体方法，为政府部门及企业在拓展邮轮市场方面提供参考意见。

关键词：邮轮旅游；旅游供给；旅游需求

1 引言

随着国家“一带一路”倡议的提出，三亚组织建立了“21 世纪海上丝绸之路”邮轮旅游发展联盟，整合了国内外 7 家邮轮公司，并同迈阿密（国际邮轮母港城市）建立友好关系，邮轮旅游也成为“海上丝绸之路”旅游发展的亮点。三亚港口条件良好，旅游资源丰富，更有国家政策和政府的大力支持，然而在中国邮轮产业发展如火如荼的形势下，三亚凤凰岛国际邮轮港的邮轮停靠航次却出现了负增长的现象。因此，对三亚邮轮旅游市场发展现状进行实地调研，从供给和需求两个方面就如何充分利用三亚地理、政策等资源优势提出切合实际的具体的策略具有重要意义。

2 三亚市邮轮旅游市场供给分析

2.1 邮轮港口建设不完善

2002 年，三亚开始动工建设凤凰岛国际邮轮港。2006 年，凤凰岛国际邮

轮港项目的一期工程竣工，仅建成1个8万吨级的专用邮轮码头且仍处于试运营状态，经过近三年的改造，现已进入最后阶段，2个15万吨级邮轮泊位已基本建成，2个预留22.5万吨级泊位也已完成建设，获批后完成设备安装即可投入使用。虽然三亚邮轮产业发展潜力巨大，但随着游客数量的激增和大型国际豪华邮轮停靠航次的增加，联检大厅场地小、检验通道数量不足等问题逐渐凸显。这表明三亚与国际化大型港口城市相比，尚未建立统一、成熟的与国际接轨的通关模式；相关配套设施建设未能及时跟进；在票务销售、船舶代理等相关业务方面尚未建立完善的服务模式；通关环境有待改进；不能提供足够的邮轮航运补给、废物处理、设备维护等配套服务。这些都会影响三亚邮轮旅游市场的快速健康发展。此外，凤凰岛没有大型的购物和娱乐场所，游客到港后只能乘坐巴士进入市区购物、娱乐，无法满足短时间停留游客的购物和娱乐需求。

2.2　邮轮公司合作多元

三亚作为国际旅游城市，敢于先行先试，在邮轮产业发展方面有很多先天资源优势和政策优势。自开港至2017年，凤凰岛国际邮轮港先后接待邮轮共计478航次，接待旅客接近86万人次。世界著名邮轮公司（如美国嘉年华邮轮公司、皇家加勒比邮轮公司、丽星邮轮公司等）和德国、英国、日本等国的多家邮轮公司开通了直达三亚的航线，且有28艘超万吨的邮轮将首航目的地定为三亚。2015年全年，三亚海关部门共监管进出境邮轮61艘次，游客10万人次，其中不乏13万吨级“海洋航行者号”、15万吨级“玛丽女王2号”等大型邮轮。经过多年发展，三亚的邮轮产业已经成为我国邮轮产业的重要标杆。三亚凤凰岛国际游轮港二期工程的建设，将会大幅提升其接待能力，更多的大型邮轮将会在此停靠，将进一步带动该地区邮轮旅游产业的发展。2017年9月，三亚与东盟多国旅游局签订邮轮旅游相关合作协议，在越南、柬埔寨、新加坡、马来西亚、泰国等国家推广邮轮旅游，开拓三亚邮轮航线，促进邮轮旅游产业发展。

2.3　邮轮航线开发不足

自凤凰岛国际邮轮港通航至2017年，包括美国嘉年华邮轮公司、皇家加勒比邮轮公司和丽星邮轮公司在内的世界三大邮轮公司全部开通了三亚航线，一些国外的高端客户也来到三亚旅游。然而客观地说，大多数停靠在三亚的邮轮仅做短暂停留，或者补充其必要的给养。几乎全部航线都将香港作为始发站，三亚扮演的仅仅是一个挂靠港的角色，与拥有始发港航线的邮轮母港标准尚有很大差距。尽管三亚曾试图与香港、海外等地的邮轮寻求合作开展"三亚等船""三亚下船"等业务，但是最终未能成功，使得三亚地区无法吸引更多具有消费能力的客户。邮轮旅游航线目前大多集中于东南亚等邮轮旅游开发比较成熟的地区。邮轮旅游路线的重复开发、大众化发展等，都会在一定程度上对三亚邮轮旅游市场的健康发展造成不利影响。

2.4 邮轮旅游服务机构单一

三亚邮轮旅游在中国起步比较晚，邮轮游客与普通游客相比数量较少。外国邮轮公司通常直接销售邮轮旅游产品，而当前三亚主要依靠旅行社等代理机构对邮轮旅游产品进行促销。邮轮旅游产品领域广泛，各邮轮的航线、船型、餐食、设施等都大不相同，而旅行社不愿出资培养专业邮轮导游，邮轮工作人员要求又很高，这使得邮轮专业人才的培养与邮轮旅游发展的现实之间存在很大差距，专业人才数量不足、人员素质偏低的问题比较突出。一些国内旅行社为了吸引客户，往往进行不切实际的夸大销售和低价促销，不能让游客感受到邮轮旅游的高品质特点，使得邮轮旅游的发展不尽如人意。与国外大多由邮轮公司直接办理邮轮旅游业务、另外少数由旅行社代理不同，三亚邮轮公司大多通过旅行社来和游客接触。因为法律规定，外资旅行社不能在我国经营出境游业务，只有具有经营出境游业务资质的旅行社才可以组织邮轮旅游。所以，国际邮轮公司很少在中国设立旅行社来组织邮轮旅游，即使有也只能从事邮轮旅游的宣传和咨询业务，旅客等事宜还是要由其他具有经营出境游业务资质的旅行社来代理。

3 三亚市邮轮旅游市场需求调查分析

3.1 人群特征分析

相关组织对 303 名游客进行问卷调查，调查内容主要包括被调查者的性别、年龄、阶层、文化程度、职业、收入水平等。从性别方面来看，男性游客占全部被调查游客总数的 57.82%，参与调查的男性与女性游客在数量上不存在较

大差别；从年龄方面来看，50 岁以上、中高收入群体体验过邮轮旅游的比例较大，但年轻人、工薪阶层接受新鲜事物的能力较强，将来可能成为邮轮旅游的主力军；从学历、职业方面来看，文化程度较高的被调查人员对邮轮旅游文化、服务的接受程度明显高于文化程度较低的被调查者；从家庭收入方面来看，中高收入的被调查者参加邮轮旅游的比例更高。事实上，越来越多新婚夫妇、年轻人、退休老人和企业客户开始参加邮轮旅游，无论是蜜月旅行、休闲度假，还是商务洽谈、表彰会议等，都将极大地拓展三亚邮轮旅游市场。

3.2 价格需求分析

从调查情况来看，游客能够接受的三亚邮轮旅游产品主要集中在中低价位。如图 1 所示，91% 的被调查者接受的邮轮旅游价位在 6 000 元以下，只有约 2% 的被调查者能够接受万元以上价位的邮轮旅游。从国际邮轮经济的发展情况来看，当该地区的人均 GDP 在 6 000 美元至 8 000 美元之间时，人们的生活水平和消费观念才会发生质的变化，而三亚目前的人均 GDP 远远低于这一水平，无法承受邮轮旅游这一消费项目。所以，要想扩大三亚邮轮旅游的市场份额，吸引更多的邮轮旅游消费者，就要划分三亚邮轮消费的主力人群，根据各人群的消费能力来制定不同价格的中短途航线。

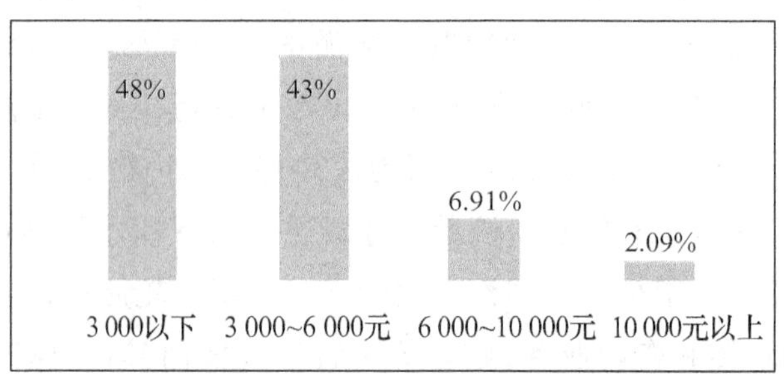

图 1 邮轮旅游价格需求

3.3 时间需求分析

从邮轮的航程来看，三亚邮轮游客更青睐近海线路；从邮轮航期来看，消费者更倾向于选择中短途邮轮旅游，如图 2 所示，超 4 成游客的出游天数为 3 ~5 天，37% 的游客偏好 5 ~9 天航期的邮轮线路，9 ~15 天的邮轮线路受到 18% 的游客喜欢。这与邮轮本身为消费者提供舒适休闲的旅游方式契合，即选择邮轮旅游的游客主要追求休闲度假体验，而不是简单的走马观花式旅行。

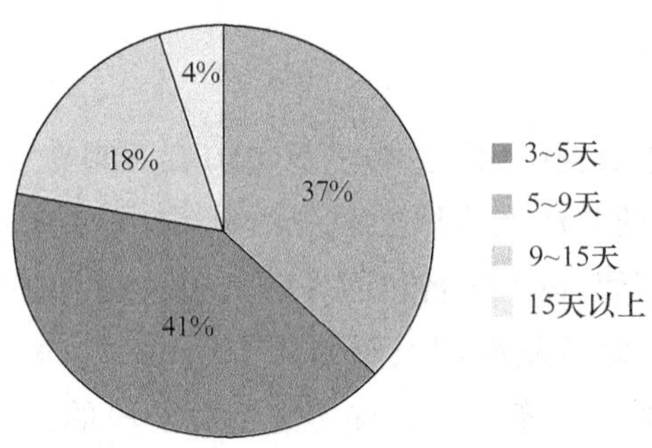

图 2　邮轮航期需求

3.4　航线偏好分析

图 3 的调查结果显示,17.1%的被调查者偏好加勒比海航线,与对欧洲、日韩及东南亚航线的喜好程度相当。这与目前国内较热门的马尔代夫等旅游目的地和相关电影有很大关系,它们会对消费者产生一定影响。加之这些航线包括近年来热门的国家和地区,众多年轻人和中老年人都选择通过邮轮旅游游览这些国家。另外,有的航线涵盖了西班牙、法国、意大利、希腊等国家,这些国家充满了浪漫色彩,是很多新婚夫妇的最佳选择,同时增大了邮轮旅游在新婚蜜月旅游市场中的比例。此外,还有很多国内游客选择国内和东南亚旅游航线。整体看来,不同消费人群对不同的邮轮旅游航线有着不同的需求和偏爱程度,丰富邮轮旅游航线能够满足消费者对不同航线的需求。

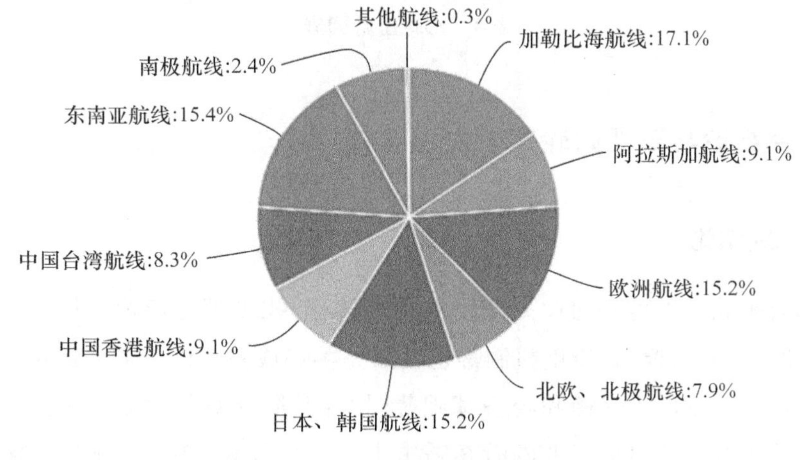

图 3　邮轮航线偏好

3.5 出游因素分析

在邮轮旅游调查过程中,超过 80% 的受访者对邮轮上的娱乐项目和美食极为关注,紧随其后的关注点为岸上观光活动,如图 4 所示。此外,还有少部分人提出了对邮轮度假、休闲等特色服务项目的关注。从年龄的角度来看,50 岁以上的中老年人对邮轮旅游调查中的几个项目都表达了不同程度的关注,特别是邮轮上的健康讲座等项目。与其他年龄阶段的人员相比,中老年人更加适合和喜爱邮轮旅游这一旅游方式,这充分显示出邮轮旅游在中老年人群中的巨大发展潜力。邮轮应把游客喜欢的娱乐活动和美食等定期推陈出新,在稳定老客源的同时吸引更多新的消费者,以扩大三亚邮轮旅游市场。

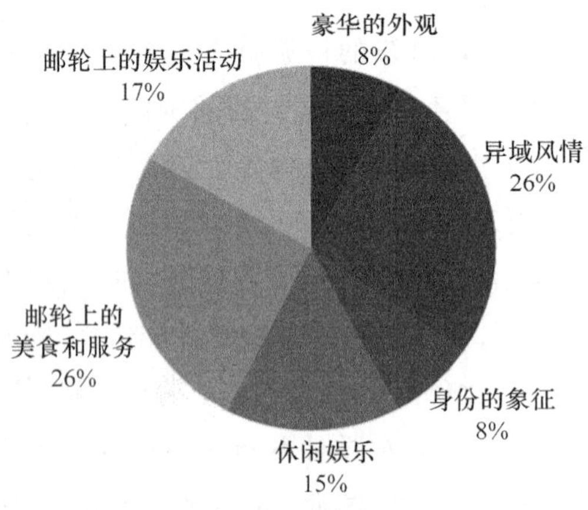

图 4 邮轮出游因素

4 研究结论与三亚邮轮旅游发展建议

4.1 研究结论

随着邮轮发展重心向亚太地区的需求转移,我国邮轮产业已经进入了快速发展时期,运营模式、制度机制等也日渐完善和成熟。但三亚的经济发展存在各地区经济发展不平衡和经济基础薄弱等问题,这对邮轮旅游本土市场的开拓十分不利。通过对三亚的游客需求进行调研发现,游客对邮轮旅游的认知程度较低,获取信息的主要途径为网络和旅行社,在邮轮旅游产品的选择上偏好3 000～6 000元的中短途航线。从供给的角度来看，目前三亚邮轮港口建设不完善，国际邮轮停靠率低，航线开发不足，邮轮旅游服务机构单一，邮轮产业发展层次较低。然而，在对三亚的邮轮母港竞争力进行评价的过程中也发现，三亚邮轮旅游市场发展依然具有一定优势，如三亚拥有优越的地理位置、丰富的旅游资源、良好的政策环境等。

4.2 三亚邮轮旅游发展建议

邮轮旅游产业的发展离不政府的支持，相关的支持政策应从市场需求关系出发有的放矢。面对海南邮轮市场中本地消费者消费能力不强的局面，应考虑打造海、陆、空立体交通体系，提高省外居民乘邮轮出发的可行性。同时，由旅游部门牵头，定期进行国际营销，推介三亚邮轮文化和相关产业，充分发挥三亚的资源和环境优势，将三亚打造为国际化的邮轮旅游城市。

在目前邮轮母港建设的基础上，应完善邮轮母港所在区域的配套设施，加强邮轮母港基础设施建设。同时，加强邮轮维修码头和配套设施建设，提供物流供给保障，实现其邮轮维修基地、服务保障基地的战略定位。在发展邮轮产业的同时，要与邮轮经济区、酒店、景区、教育和医疗行业、免税贸易、文化艺术表演等开展全面合作。因此，根据三亚邮轮市场发展现状，建议以凤凰岛建设出境免税店为中心，以上岸购物、观光旅游为契机，建立一套囊括商业、餐饮、旅游、休闲、娱乐及航运文化等的综合服务配套设施，打造多功能国际邮轮服务集聚群，延伸、拓宽旅游产业链，全面推动海南国际旅游产业的整体建设。

参考文献

[1] 杨珍，吴肖淮. 中国高等院校建立校企人才培养联盟的必要性分析：以中国高等院校邮轮人才培养联盟为例[J]. 经济研究导刊，2013(8)：188－190.

[2] 黎章春，丁爽，赖昌贵，等. 我国邮轮旅游发展的可行性分析及对策[J]. 特区经济，2007，224(9)：175－177.

[3] 杨敏，陈娟. 中国邮轮旅游市场开发问题及对策探讨[J]. 现代商贸工业，2009，21(4)：96－97.

[4] 董振华. 中国邮轮旅游发展战略研究[D]. 北京:北京第二外国语学院,2009.

[5] 孙晓东,冯学钢. 中国邮轮旅游产业:研究现状与展望[J]. 旅游学刊,2012,27(2):101-112.

[6] 张树民,程爵浩. 我国邮轮旅游产业发展对策研究[J]. 旅游学刊,2012,27(6):79-83.

供给侧结构性改革视角下三亚“邮轮旅游发展实验区”的建设思路研究

王秋娜　亓元

摘要：邮轮旅游是推动我国“海洋经济”国家战略和“一带一路”倡议的重要助力，但是目前我国邮轮旅游需求与供给的结构性失衡问题突出。基于三亚邮轮旅游供需特征，分析三亚及其周边邮轮旅游资源的可利用及开发状况，探讨三亚“邮轮旅游发展实验区”建设的思路和实现路径，不仅有助于带动南海旅游资源的开发，更有益于“大三亚”旅游圈的构建，有益于三亚与周边国家和地区的合作交流，使三亚成为具有国际吸引力的特色邮轮旅游目的地，树立世界级滨海旅游城市形象。

关键词：供给侧结构性改革；邮轮旅游发展实验区；建设思路

2015 年，中央财经领导小组会议报告中首次提出“供给侧结构性改革”。供给侧结构性改革的核心内涵是以制度创新、有效制度供给为龙头，对结构问题进行深化改革，提高整个供给体系的质量和效率。旅游供给侧结构性改革就是以提升旅游服务质量为目标，解决目前旅游市场有效供给不足的问题。作为我国旅游业中增长最快的部分，邮轮旅游需求供给的结构性失衡问题突出。我国在邮轮港口建设和旅行社等方面投入很大，但盈利效果差，贸易逆差不断拉大，资源优势尚未被充分利用。仅依靠投资、消费等需求侧拉动邮轮旅游的发展，动力明显不足。过度注重需求侧带来的问题日益突出，因此必须深挖供给侧的结构问题，寻求新思路和新模式。

1　三亚建设“邮轮旅游发展实验区”的必要性分析

1.1　平衡邮轮旅游产业结构，增加对区域经济的贡献

目前，三亚在邮轮母港建设上投资巨大，已经建成 8 万吨级和 15 万吨级

的泊位各1个，二期的2个15万吨级泊位和2个22.5万吨级泊位建成后，三亚凤凰岛国际邮轮港将成为亚洲最大的国际邮轮母港之一。但是自2013年开始，三亚凤凰岛国际邮轮港接待的邮轮数量一直呈现下降趋势，并且多作为访问港，2015和2016年以其为母港停靠的邮轮数量为0。目前，三亚多通过国外邮轮公司吸引中国游客乘坐外籍邮轮开展出境邮轮旅游，三亚凤凰岛国际邮轮港主要依靠收取邮轮停靠服务费来获得收入，尚未开发依托自身海岸旅游资源的本土邮轮，这使得三亚沿海旅游资源优势未得到充分发挥，邮轮产业红利外流，邮轮产业对区域经济的贡献有限。过度注重需求侧带来的问题日益突出，因此必须深挖供给侧的结构问题，依托三亚“邮轮旅游发展实验区”建设，不断寻求发展新思路和新模式，减小邮轮旅游贸易逆差，优化资源配置，提升三亚在邮轮旅游市场的竞争力和主动权，使三亚成为具有国际吸引力的特色邮轮旅游目的地。

1.2 推进海洋强国建设，宣示南海主权

中国海洋科技在过去5年里取得的一系列突出成果为建设海洋强国奠定了物质和技术基础，现在是全面推进海洋强国建设的良好时机。三亚“邮轮旅游发展实验区”的建设可带动南海旅游资源开发，通过推出具有本土特色的邮轮旅游产品，调整、设计旅游线路，提高对海洋经济增长的贡献。另外，大力发展海洋旅游不仅是经济工作，更是政治责任。南海邮轮旅游资源的开发和本土邮轮的航行，可以扩大我国在南海的影响，对维护我国海洋权益、宣示我国南海主权、维护和平稳定意义重大。

1.3 促进旅游与交通融合，丰富特色旅游交通体系

国务院办公厅于2018年3月发布的《关于促进全域旅游发展的指导意见》中明确提出：将旅游与海洋、交通、气象等融合；积极发展邮轮、游艇旅游；开发海洋海岛等旅游产品。三亚近几年在绿皮旅游专列、环岛滨海旅游公路、内河游览航线、海上观光巴士、邮轮母港及邮轮线路、低空飞行网络等特色旅游交通建设方面取得了一定成绩。但目前的特色旅游交通方式在表现形式上比较零散，未能形成覆盖整个“大三亚”旅游经济圈的集散体系和网络，交通与旅游的融合度仍需加强。“邮轮旅游发展实验区”旨在打造以三亚为中心，辐射周边城市、国家的综合旅游服务区。它的建设有助于加快形成旅游与交通

融合发展的新格局,创新旅游交通产品,完善交通网络设施,提升旅游交通服务品质。

2　三亚建设“邮轮旅游发展实验区”的可行性分析

2.1　三亚建设“邮轮旅游发展实验区”的政策基础

2018 年,国务院办公厅发布的《关于促进全域旅游发展的指导意见》为“大三亚”旅游经济圈的旅游集散体系建设提供了指导性意见。邮轮、游艇产业已被《国务院关于推进海南国际旅游岛建设发展的若干意见》列为海南国际旅游岛建设的重要内容。三亚按照“整体规划、分步实施、滚动开发”的思路,完成了《三亚市邮轮旅游发展专项规划(2012—2022)》的编制,对三亚邮轮产业发展进行了系统设计和科学定位,为三亚邮轮产业发展提供了规划保障。

2.2　三亚建设“邮轮旅游发展实验区”的区位优势

三亚是我国对外开放黄金海岸线上最南端的贸易港口城市,也是建设中的国际热带滨海旅游精品城市,在国际经济关系中具有独特的区位优势。从三亚向东经菲律宾至西太平洋、向南经澳大利亚至南太平洋、向西南经中南半岛至印度洋以及大西洋,比从广州出发近 900 千米左右。

2.3　三亚建设“邮轮旅游发展实验区”的环境优势

三亚地处北纬 18°左右,和“世界邮轮之都”迈阿密的纬度相近,具有发展邮轮产业得天独厚的气候和资源条件。三亚南临南海,有大小港湾 19 个,众多海湾景色各异。三亚长达 258.65 千米的境内海岸线上,分布着鹿回头公园、南山文化旅游区、天涯海角、大东海、亚龙湾、海山奇观等闻名中外的旅游景点。三亚不仅有丰富的滨海旅游资源,其热带植被和黎、苗民族风情等各具特色的人文旅游资源在国内外也堪称一绝。

2.4　三亚建设“邮轮旅游发展实验区”的产业优势

三亚凤凰岛国际邮轮港建立了中国第一座可停靠 8 万吨级邮轮的专用码头,并配套建设了近万平方米、设有 16 个边检通道的现代化客运联检楼,可一次性接待 3 000 名国内外游客出入境,二期建成后其接待能力可达 200 万人次以上。自2007年正式通航至2018年，三亚凤凰岛国际邮轮港累计接待邮轮数量达510艘次。虽然三亚多作为挂靠港服务于各大国际邮轮公司，但是其多年的接待经验为“邮轮旅游发展实验区”的发展奠定了坚实的基础。

3 三亚建设“邮轮旅游发展实验区”的思路探讨

“邮轮旅游发展实验区”旨在以邮轮母港建设为核心，依托当地丰富的旅游资源和港口资源，借助便捷的区位优势，开发集港口地产、旅游观光、餐饮娱乐、酒店休闲、免税贸易和金融服务于一体的服务于国内外游客的综合旅游服务区。

目前，我国已经批准建立“邮轮旅游发展实验区”的城市有上海、天津、深圳、青岛、福州和大连。借鉴我国已经在建的“邮轮旅游发展实验区”的实践经验，结合三亚邮轮旅游供给和邮轮旅游资源开发现状，本文提出如下发展思路。

3.1 突出地理位置优势，构建旅游大区体系

三亚“邮轮旅游发展实验区”旨在打造以三亚为中心，辐射周边城市、国家的综合旅游服务区；将海南的沿海景区、景点互通互联，打造高标准的海上旅游大通道；借助泛南海区位优势和旅游资源优势，推动泛南海旅游经济圈建设，开发泛南海邮轮旅游航线。应加快形成旅游与交通融合发展的新格局，完善交通网络设施，创新旅游交通产品，提升旅游交通服务品质，构建健全的“大三亚”旅游经济圈，形成整个“大三亚”地区的集散网络。

3.2 优化功能，打造邮轮母港城市

应加快构建以三亚凤凰岛国际邮轮港为中心的立体交通体系，同时与航空公司联合打造更加发达的全球航线；邮轮母港应积极与各旅游景点和旅游服务企业对接，在宾馆、旅游景点探索运营“邮轮直通车”项目，实现服务直达邮轮港，提升游玩体验，推动邮轮港与区域旅游资源联动发展，扩大邮轮经济的带动和辐射作用；启动海上环岛旅游交通航线和配套码头规划，按照远近结合、分步实施的思路，在三亚、海口和琼海等市县先行先试，开发海上旅游交通新业态，将海南的沿海景区、景点互通互联，高标准打造海上旅游大通道，打造综合旅游服务区。

3.3 积极发展三亚本土邮轮旅游

目前,由凤凰岛国际邮轮港始发的"南海之梦号"和"长乐公主号"本土邮轮主要走西沙航线。可以在此基础上,借助泛南海区位优势和旅游资源优势,推动泛南海旅游经济圈建设,开发泛南海邮轮旅游航线,争取获得政策支持开发体现南海诸岛特色的邮轮航线。应在对接国际邮轮服务标准的前提下,根据中国游客的生活习惯、消费特征、特色文化,推出符合中国消费者习惯的船舶设计、娱乐活动和餐饮。

3.4 加强与周边国家和地区的区域合作

三亚可充分利用"邮轮旅游发展实验区"建设的政策支持,发挥独特的区位优势,加强与东南亚等地区的邮轮旅游交流合作。同时打造以三亚为中心,辐射周边城市、国家的综合旅游服务区,加快形成旅游与交通融合发展的新格局,完善交通网络设施,创新旅游产品,提升旅游服务品质。

4 结论与展望

本文在供给侧结构性改革的视角下,针对三亚邮轮旅游需求和供给的结构性失衡等一系列突出问题,分析了"邮轮旅游发展实验区"建设对平衡三亚邮轮旅游产业结构、增加对区域经济的贡献、推动国际知名邮轮母港产业园建设、丰富特色旅游交通体系、宣示南海主权等的重要意义。三亚拥有政策支持、优越的地理位置、优良的港口条件、丰富的旅游资源、优越的区位等,适宜发展邮轮产业,具有建设"邮轮旅游发展实验区"的良好基础。本文从构建旅游大区体系、积极发展三亚本土邮轮旅游、加快打造"海陆空"立体交通网络、加强与周边国家和地区的区域合作、打造邮轮母港城市等方面提出了三亚"邮轮旅游发展实验区"的建设思路。但是,本文对三亚目前的邮轮产业供给结构存在的问题论述不够具体,对"邮轮旅游发展实验区"建设的认识比较浅显,缺乏科学、理性、深入的研究,今后还需不断深入研究思路和方法。

参考文献

［1］ 贾康. 正确认识供给侧结构性改革［J］. 党政研究，2016(4):5-8.

［2］ 孙晓东,冯学钢. 中国邮轮旅游产业:研究现状与展望［J］. 旅游学刊,2012,27(2):101-112.

［3］ 孙晓东. 中国邮轮旅游业:新常态与新趋势［J］. 旅游学刊,2015,30(1):10-12.

［4］ 王秋娜. 基于供求理论的三亚邮轮旅游发展研究［J］. 科技经济市场,2018(1):64-66.

［5］ 汪泓. 中国邮轮产业发展报告(2015)［M］. 北京：社会科学文献出版社，2015.

［6］ 汪泓. 中国邮轮产业发展报告(2017)［M］. 北京：社会科学文献出版社，2017.

基于 PEST 的三亚邮轮旅游产业环境分析

裴盈盈

摘要:本文运用 PEST 分析法,从政策、经济、社会、技术四个方面对三亚邮轮旅游的产业环境进行分析。三亚发展邮轮旅游产业具有区位、资源、政策优势,但在开拓市场、邮轮建造、邮轮航线、邮轮产业链等方面还存在一些问题,需从这几个方面切入,打造优质的三亚邮轮旅游业。

关键词:PEST;邮轮旅游;产业环境

1 前言

三亚市位于海南省的南端,地理位置优越,拥有发展邮轮旅游产业的独特优势。但从何处着力能更好、更快地促进这一新业态发展,则需要深思熟虑。纵观欧美特别是加勒比海地区邮轮业的发展史,政府的扶持、经济、文化及生态等因素是其市场开拓成功的关键。因此,有必要对三亚邮轮旅游产业的环境进行深入剖析。本文运用 PEST 分析法,从政策——法律环境、经济——市场环境、社会——文化环境、生态——技术环境四个方面综合分析这些因素对邮轮业的影响,以指导三亚邮轮旅游的发展。

2 政策——法律环境

2.1 本地政策扶持

近三年来,我国国务院各部门及发改委先后发布了 13 份文件支持邮轮旅游产生的发展。为贯彻落实各项政策,海南省政府结合本地实际,制定了促进海南邮轮旅游产业发展的十二项决策。这十二项决策主要包括加强国际和国内合作、加快码头设施建设、创新口岸监管模式、培育拓展旅游市场、鼓励企业做大做强、开辟邮轮旅游新航线、通过招商吸引全球邮轮企业入驻、启动邮轮边境旅游异地办证、提供邮轮停靠奖励等。在政策的支持下，三亚已与迈阿密缔结国际友城，在邮轮运营、邮轮服务、国际采购、人才培养、营销体系等方面展开合作。

2.2 “21 世纪海上丝绸之路”倡议带动

三亚作为南海的后方基地，是“21 世纪海上丝绸之路”的重要节点。三亚可借“21 世纪海上丝绸之路”的东风，形成“货运 + 客运”的双轮驱动格局，届时，交流经济、传播文化、吸引国际游客度假与休闲，实现邮轮旅游产业发展便可水到渠成。

2.3 政治局势隐患

学者王林曾指出：旅游者在决定是否要进行一次旅游活动时，会考虑在旅游目的地将面临的决策风险；如果旅游者认为风险过大，可能会放弃其出游行为；这些旅游决策风险包括旅游目的地的政局稳定情况、潜在自然灾害、生态环境安全等。三亚所辐射的南海邮轮旅游区面临的南海领土争端、国际因素、海盗等传统与非传统安全问题，成为阻碍其发展的安全隐患。

3 经济——市场环境

3.1 客源市场潜力巨大

按照国际邮轮经济的发展规律，当一个国家或地区人均 GDP 达到 6 000 美元以上时，邮轮经济便具备了发展条件。据上海国际航运研究中心发布的《2030 年中国航运发展展望》预测，2030 年后，我国每年邮轮旅客量有望达到 800 万 ~1 000 万人次，成为全球第一大邮轮旅游市场。报告亦显示，邮轮旅游将成为大众化的旅游方式，预计到 2030 年，我国的邮轮市场渗透率将增长至 0.5% ~1% 。

3.2 邮轮航次增长迅速

2013 年至 2016 年，到访三亚的出入境邮轮共 448 航次，出入境游客约 37 万人次，带来直接经济收入约 2.5 亿元。据三亚市海防与口岸办公室确认，2017 年到访三亚的出入境邮轮将达 158 个航次，以三亚为母港的邮轮也有望于 2016 年开辟至香港、越南等地的航线。而且,三亚市政府已与中国交通建设集团有限公司、香港中旅(集团)有限公司签署合作协议,联手进军中国邮轮旅游产业,依托三亚凤凰岛国际邮轮港,组建自主产权邮轮船队,创立本土邮轮品牌,使三亚旅游产业实现质的飞越。

3.3 本地市场薄弱

根据美国邮轮业的发展经验,70% 以上的邮轮旅客来自本地,而三亚由于本地居民收入较低,所以邮轮旅游的本地市场薄弱。"北上广"等地的客源市场潜力较大,但需与以上海为龙头的"长三角经济圈",以天津为核心的"环渤海经济圈",以香港、广州与深圳为核心的"华南海湾经济圈",以及以厦门为中心的"海峡两岸经济圈"竞争,从目前已运营的邮轮航线、邮轮班次、邮轮品牌、停靠次数、接待游客人数来看,暂不占优势。

4 社会——文化环境

从邮轮旅游文化来看,邮轮旅游作为新兴的以海洋为依托的休闲旅游方式,在三亚落地生根实属必然。三亚是中国唯一的热带滨海旅游城市,海域资源丰富,海洋旅游文化为大众所认可,是全国乃至全世界著名的休闲养生之地。这与邮轮的旅游文化契合, 邮轮本身就是一个旅游目的地,邮轮旅游是一种休闲的生活方式。

从本地居民对邮轮旅游的认知度来看,三亚居民对邮轮旅游的接受度还不高,张颖超等人通过访谈及问卷调查发现,只有 6% 的三亚居民比较了解邮轮旅游,邮轮旅游市场还处于培育期。目前,大部分人对邮轮旅游产业的发展表示欢迎,他们认为邮轮旅游所形成的产业链可以促进当地经济的发展,为他们提供更多的就业机会。

5 生态——技术环境

5.1 生态优势

三亚位于海南省的最南端,地处北纬 18°左右,北靠五指山山脉, 南临南海,其气候是较典型的热带海洋性季风气候,旅游资源丰富,空气清新,生态环境良好,基本可以媲美"世界邮轮之都"迈阿密,四季都适合进行邮轮旅游。三

亚还具有较大的区位优势,它位于我国香港与新加坡两大国际邮轮母港之间,是远航南海以及印度洋的必经之地,也是国际环球邮轮前往东南亚地区的交通中转站和航运补给站,占据战略要津,可辟航线丰富。

5.2 技术落后

造船技术是邮轮产业的基础。目前,法国、德国、意大利、芬兰、美国和日本等基本上垄断了国际邮轮的设计与建造,其他地区短时期内很难进入这个领域。三亚本地的海航集团和中国交通建设集团公司已开始投资并组建自己的船队,但力量仍较为薄弱。邮轮停靠后,短时间内大批游客涌入市区,再加上本地居民及旺季旅游者的需求,三亚交通将面临严峻挑战,需要在三者之间取得平衡。

6 结论

由以上分析可以看出,三亚发展邮轮旅游产业具有政策、区位、资源优势,但仍存在一些问题:本地市场客源不足;本地居民对邮轮旅游认知度不够;缺少以三亚为始发港的邮轮航线;缺少邮轮旅游航线;与上海、天津等地相比,邮轮旅游产品缺乏特色,竞争力不强;本地尚未形成发展邮轮旅游产业的相关产业链等。因此,应着重从以上几个方面入手,创造有利于三亚邮轮旅游产业发展的良好环境。

参考文献

[1] 王佳. 青岛游轮旅游产业发展环境及优化对策研究[D]. 青岛:中国海洋大学,2012.

[2] 王林. 论旅游决策风险的成因及对策[J]. 中国地质大学学报(社会科学版),2001,1(1):29-31.

[3] 张颖超,贺文龙. 邮轮母港建设与三亚当地居民的关系研究[J]. 当代经济,2015(14):100-101.

[4] 王诺. 邮轮经济:邮轮管理 · 邮轮码头 · 邮轮产业[M]. 北京:化学工业出版社,2008.

三亚邮轮产业发展的生态环境问题研究

彭文静

摘要：随着三亚凤凰岛国际邮轮港不断扩容，其建设与运营带来的生态风险如下：污染物的排放对周边地区生态的改变与破坏；港区建设对生态聚落的直接改变；邮轮船员集中泊港停靠与出行对生态承载的压力；外来物种的风险与突发事件的威胁等。结合三亚的“双城双修”建设，确立三亚邮轮旅游区生态修复机制的主要途径包括完善法律法规体系、建立生态预警机制、实行前置性生态规划、完善生态功能区建设、健全碳排放与补偿机制、宣传与强化全民生态友好观念等。

关键词：邮轮旅游区；邮轮产业；生态预警；生态修复

1　三亚邮轮产业发展愿景与生态城市建设的矛盾和冲突

三亚是除三沙市之外的我国最南端城市，面向我国南海海域及东南亚诸国，是世界著名的海滨旅游度假城市之一。三亚也是我国最早开展邮轮接待业务的城市之一，20 世纪 90 年代起，三亚相关港口就开始接待在此停靠的邮轮。2006 年，三亚在凤凰岛开工建设全国第一座邮轮专用码头。2007 年，1 个 8 万吨级的邮轮码头建成，并接待了首艘国际邮轮在此停靠。2014 年，三亚凤凰岛国际邮轮港二期开始建设，在回填的人工岛周边新建 4 个邮轮泊位，分别为 2 个 15 万吨级泊位和 2 个 22.5 万吨级泊位。项目竣工后，三亚凤凰岛国际邮轮港将成为亚洲最大的邮轮母港。

三亚是我国目前拥有邮轮母港的几个城市之一。2014 年，三亚凤凰岛国际邮轮港接待靠泊邮轮 71 艘次，旅客吞吐量为 15.6 万人次，占全国邮轮港份额的 9%，规模居全国第三位，仅次于上海、天津两港。

同时，三亚致力于建设生态城市。2015 年 6 月，国家住房和城乡建设部致函海南省政府，原则同意将三亚列为城市修补和生态修复（双修）、海绵城市和综合管廊建设城市(双城)综合试点,三亚成为全国唯一的"双城双修"试点城市。根据由若干专家组成的团队经调研、摸底所制订的三亚市城市生态修复方案,生态治理的目标集中在山体、海岸线、河岸等。

近年来,三亚邮轮产业发展正在谋求更大的突破。三亚为古代"海上丝绸之路"要冲,邻近重要的国际航运线,是我国面向"海上丝绸之路"沿线国家的桥头堡。为充分发挥与整合三亚的资源优势,三亚市批准实施《三亚市邮轮旅游发展专项规划(2012—2022)》,确立以"21 世纪海上丝绸之路"沿线国家为主要辐射区域的邮轮产业的发展目标。

随着习近平同志"一带一路"倡议的提出,一系列国家层面的发展指引与规划也随之确立,均将发展重点指向了三亚邮轮产业的发展。2015 年 10 月中旬,在三亚举行的海南省邮轮游艇产业发展大会也让三亚邮轮产业的发展渐入佳境。

然而,发展往往是生态保护的主要矛盾面。三亚邮轮产业浪潮式的大发展为三亚基于"双城双修"的建设带来了不容小觑的压力。如何协调两者之间的关系,实现促进三亚邮轮经济发展与生态保护的双重目标,是不可忽视与亟待解决的问题。

2　三亚邮轮产业发展的生态风险

从 2006 年三亚在凤凰岛兴建第一个 8 万吨级的邮轮专用码头,到 2015 年二期扩建项目中 15 万吨级的专用码头投入使用,三亚凤凰岛国际邮轮港的接待能力得到了极大提升。2015 年 8 月 8 日,新建码头迎来 13.8 万吨的"海洋航行者号"邮轮,该邮轮载有乘员 4 771 人。巨轮带来的不仅仅是大量的游客资源和经济收入,也带来了数千人所携带的垃圾、污水,以及这些游客到港抵岸后产生的交通、消耗、排放等各方面的承载压力。

邮轮抵港带来的环境压力与生态风险是巨大的。根据发达国家的研究数据,可以对一艘船员和旅客总数为 3 000 人的邮轮每天产生的污染物种类及数量进行估算,见表 1。

显然,如此大量的污染物若得不到有效处理,将对港区及周边地区的生态造成巨大破坏。从已有信息可知,邮轮港并无处理这些固体污染物的设施及能力,必须对固体垃圾进行转运处理,从而会在转运过程中引发再污染问题。目前,对邮轮进港、出港、泊港期间所产生的水体污染及气体污染等也很难进行有效监控。

表 1　中型邮轮(3 000 人)每天产生的主要污染量

污染物类型	污染量
油污水	约 14 万升舱底油污
固体废弃物	约 7 吨垃圾和其他固体废弃物
生活污水	约 11 万升厕所排泄生活污水和 100 万升非厕所生活污水
大气污染物	约相当于 12 000 辆汽车一天的尾气排放量
有毒物质	约 57 升有毒化学物质

由此可见,没有环境监控机制的邮轮产业发展势必会是环境保护的极大威胁。大量固体废弃物、废水、废气的产生与排出势必会对三亚邮轮港区的生态造成极大的破坏,主要体现在如下方面。

(1)港区海岸生物聚落遭到破坏　富营养污水的排放会改变海域的生态结构;油污覆盖会影响海水中的生态光照;固体垃圾会形成新的有害生态系统,对周边生态环境造成极大破坏;港区附近的鱼类、珊瑚、沿岸红树林、栖息鸟类等会失去原有的生活环境而面临生存挑战。

(2)港区的建设对海岸原生形态及近海域的直接破坏　人工造岛、填海等会直接损毁原有的海岸生态,对填海区域的海域更会造成直接的破坏,并会极大地改变周边海域或其他生态区的存在形式。

(3)邮轮旅客的泊岸旅游对周边地区的生态压力　以 2015 年 8 月 8 日泊港的“海洋航行者号”为例,所有乘客中有约 3 600 名邮轮乘员上岸旅游,大量人员在短时间内小范围地集聚,密集地从凤凰岛进入城区,会导致港区周边生态承载能力的超负荷,可能会造成不可自行修复的生态破坏。

(4)可能携带的外来物种对周边生态的威胁　无论是从吨位还是从其搭载的乘客数量来说,邮轮都无疑是一座移动的城市。船体本身、游客、随船货物等都可能夹带某些动物、植物种子等,它们很容易随船来到港区,并在周边地区生存下来,成为外来物种。一些强势的外来物种可能会鸠占鹊巢,形成自身的生物聚落群,逐步吞噬其他生物的生存空间,破坏已有的生态平衡,破坏现有的生态修复能力。

(5)突发性事故造成的生态破坏　邮轮本身就存在巨大的不可控性安全

隐患，如台风、地震等自然灾害造成的船舶损伤，船舶及岸上设施的爆炸、火灾等事故，船只搁浅、倾翻、人员落水等事故，毒害气体、物体的泄漏，等等，这些均可能带来生态风险。

3 邮轮旅游区生态预警、治理及修复机制

如何预防、控制与治理邮轮旅游区的生态问题，不仅是尚处于初步发展阶段的中国邮轮业所面临的问题，也是一些邮轮产业发展水平较高的国家亟待解决的问题。

北美地区是世界上邮轮经济最发达的区域，也是经济发展指数、居民环境需求较高的地区，但他们在邮轮污染防治与生态友好方面也处于落后水平。根据相关描述，其污染与生态破坏问题有如下方面。

(1)高增长：邮轮乘客在 10 年中增加了 1 倍。

(2)大船队：美国地区营运的邮轮数量从 1996 年的 131 艘上升至 2006 年的 200 艘。

(3)大吨位：1996—2010 年间，最大邮轮的载客量从 1 800 人上升至5 400 人。

(4)高污染：仅在美国海域，邮轮每年所产生的生活污水排量为 4.2 亿加仑(约 15.9 亿升)。

(5)大漏洞：在监管上存在巨大漏洞，海岸警卫队对排污的检查次数为零；1973 年制定的《清洁水法》对邮轮企业豁免时间达 33 年；没有全国性的邮轮污染控制法案，等等。

针对上述情况，在一些国际组织和民间社团的推动下，美国正在研究制定“邮轮清洁法案”，以期从法律层面确立全国性的邮轮污染控制法案。该法案主要包括以下内容。

(1)在距离美国海岸 12 海里内禁止排放任何生活污水、油污水和固体垃圾等。

(2)在距离美国海岸 12 海里以外进行限制排放，并由海岸警卫队和环保署制定排放标准，以期在 2015 年达到邮轮污染物“零排放”。

(3)利用取样监测等手段对邮轮污染物的排放设备等进行监管。

(4)允许第三方监测机构及人员随船对排污情况进行监督。

(5)由国家海洋与大气管理部门鼓励和促进污染物排放监测技术在法律

允许的范围内商业化。

(6)对揭发雇主随意排放污染物等违法行为的雇员应予以保护。

(7)允许市民对违反排污法规的个人和机构进行抗议。

(8)建立邮轮污染基金,由邮轮缴纳费用,海岸警卫队制定基金管理章程等。

针对我国邮轮港区、近海生态区的环境保护,研究者们从不同的侧面提出了解决方案。

第一,建设相关的污染处理设施。例如,在邮轮港区就地设立固体垃圾处理中心,在邮轮上增加并改进污水、废气的处理设施以提升净化能力等。

第二,制定和完善相关法律制度。对邮轮排污、邮轮及港区的环境保护设施建设、邮轮旅游区建设的环境友好等生态保障要求,均以法律规范的形式加以明确与完善,从制度上保障邮轮旅游产业的可持续性发展。

第三,建立污染与环境的监控体系。通过对环境指标进行监控、GIS 系统的应用、旅游区生态友好标准体系的建设,通过规划设计、事前预防、事中监控与及时预警、生态功能区的建设及生态修复等手段,实现有效的环境与生态保护及管理。

4 三亚邮轮旅游区的生态修复思考

根据美国等国的经验,保护邮轮旅游区的生态环境,法律规范必不可少。可通过立法,规范邮轮港区环境保护设施的强制性标准,入港邮轮环境保护设施的配置与排污标准,确立生态补偿机制,规范碳足迹与碳排放的补偿机制等。当然,实践中会存在邮轮招商和发展与强化环境保护标准的矛盾,管理者可能会因为希望吸引更多的邮轮企业而降低对其环境保护设施的要求。

可建立生态预警系统,将邮轮旅游区的生态变化纳入三亚海洋环境生态监控体系。通过运用 GIS 系统等预警手段,分析海域地貌、化学物质、生物聚落的动态变化等,及时发现三亚邮轮港区环境、生态等方面的变化情况,从而达到预警目的。

预警监控体系中应将旅游环境承载力预警作为重要内容,通过环境承载力的评价与相关预测,进行旅游资源环境承载力、旅游生态环境承载力、旅游经济环境承载力和旅游社会环境承载力等子系统的预警,划分健康生态区、适载区、预警区等相关区域。

可借鉴生态旅游认证的相关标准，作为邮轮旅游区各主体单位自我生态性建设的相关标准。以欧洲的“蓝旗”生态认证标准为例，可参考其关于游艇码头及海滨沙滩的生态标准，制定适用于改善本地邮轮港区生态友好度的指导性标准。

应强化与完善生态功能区。通过在邮轮旅游区建立具有较强修复能力的生态功能区，如建设生态绿化带、建立各类陆地、湿地或海域区的生态保护区等，维系较为强大的生态聚落，以自我修复为重要途径来改善该区域的生态环境。

应做好邮轮旅游区建设的生态规划。在规划设计邮轮港区及邮轮旅游区时，就要进行前置性的生态规划，并将其纳入总体规划。除了常规的环境保护规划之外，还应将生态调节与生态自我修复的相关内容纳入总体规划。

可建立碳足迹及碳补偿机制。通过对碳排放超标的相关主体进行罚款，获得改善生态环境的资金，惩治环境保护方面表现落后的单位，从而实现良性循环。

此外，确立文明的社会行为规范，弘扬有利于环境友好、可持续发展的文明的生活、旅游、管理行为，是邮轮乘客与船员、港区工作者、居民都应秉持的理念。保护环境，生态友好，是基于精神文明的社会环境修复功能的扩展。

5 结语

“一带一路”给予三亚邮轮产业的发展契机与基于自身发展需求的“双城双修”建设可以在可持续性发展的思考中实现统一。三亚邮轮产业拥有高速发展的契机，同时面临着环境承载的压力与生态风险的挑战，唯有将两者有机地结合起来，才能为三亚邮轮产业的健康发展提供动力。

参考文献

[1] 李柏青. 邮轮产业生态系统研究[J]. 经济地理，2009，29（6）：1000－1004.

[2] 杨彦锋，徐红罡. 对我国生态旅游标准的理论探讨[J]. 旅游学刊，2007，22(4)：73－78.

[3] 郑苗壮，刘岩，彭本荣，等. 海洋生态补偿的理论及内涵解析[J]. 生态环

境学报,2012(11):1911－1915.

[4] 刘旭,邓永智.近岸海域生态系统服务功能监测的指标体系研究[J].海洋环境科学,2011,30(5):719－723.

[5] 谢芳,李慧明,李丹.基于全生命周期评价的邮轮环境污染控制机理及其应对策略[J].海洋通报,2010,29(6):702－706.

[6] 单宇,李正炎.海洋生态环境监测的指标体系研究[J].海洋湖沼通报,2007(2):52－56.

[7] 田世洪.三亚港邮轮污染物接收处理规范管理探讨[J].中国水运,2011,11(12):25－27.

[8] 程兴火,周玲强.国外生态旅游认证概述[J].世界林业研究,2006,19(1):1－5.

三亚邮轮产业发展问题研究

彭文静

摘要：海南自由贸易试验区(自贸区)确立了提升高端旅游服务能力的发展方向，并以发展邮轮产业为主要内容，与“一带一路”倡议结合，对促进三亚邮轮产业的发展体现在如下方面：获得国家战略的支持，促进邮轮发展的国际化，推动邮轮产业链的整合与延伸，促进三亚海洋旅游业的发展，等等。但三亚获得这些发展机遇，亦必须以突破制约其发展的相关瓶颈为前提，如发挥其地理优势参与邮轮市场竞争，提升三亚邮轮产业体系的整合能力，推动三亚邮轮公共品牌的塑造，改善基础设施，获得有效的政策支持，等等。

关键词：海南自贸区；一带一路；三亚；邮轮

1　三亚邮轮产业发展的政策背景

2018 年 10 月，国务院印发《中国(海南)自由贸易试验区总体方案》(以下简称《方案》)，海南成为我国重要的自贸区建设省份。《方案》指出，海南自贸区关于旅游产业的发展定位为提升高端旅游服务能力；鼓励发展环海南岛邮轮航线，支持邮轮企业根据市场需求依法拓展东南亚等地区邮轮航线，不断丰富由海南邮轮港口始发的邮轮航线产品；研究支持三亚等邮轮港口参与中资方便旗邮轮公海游试点，将海南纳入国际旅游“一程多站”航线；积极支持实施外国旅游团乘坐邮轮 15 天入境免签政策；优化对邮轮和邮轮旅客的检疫监管模式；建设邮轮旅游岸上国际配送中心，创建与国际配送业务相适应的检验、检疫、验放等海关监管制度。此《方案》的发布为海南邮轮产业的具体发展方向和发展方式指明了方向。

2014 年 11 月，习近平同志在中央财经领导小组会议上进一步指出，要推进“丝绸之路经济带”与“21 世纪海上丝绸之路”的建设，形成“一带一路”的发展格局。

尽管“一带一路”倡议并非一种实体性的合作组织，也不是一种模式明确的合作机制，但它却以中外逾两千年的经济文化交流历史积淀为基础，以传统的经济文化延伸线路为主脉，遵循政治互信、经济融合、文化包容的原则，打造跨国家与地区的利益、命运和责任共同体。因此，“一带一路”倡议的提出，既符合中国与沿线国家长期以来文化经济往来的历史传统，亦满足文化优势和经济利益的共聚与互补的客观需求。“一带一路”倡议得到众多相关国家的认可与响应，也成为各国在21世纪中极具现实意义的重大发展机遇。

从区位位置来看，海南是“21世纪海上丝绸之路”的桥头堡，是外来船舶进入中国的第一站，是与“21世纪海上丝绸之路”沿线国家地理区位联系最紧密的地区之一。《推动共建丝绸之路经济带和21世纪海上丝绸之路的愿景与行动》亦提出，要加大海南国际旅游岛开发开放力度；加强上海、天津、宁波-舟山、广州、深圳、湛江、汕头、青岛、烟台、大连、福州、厦门、泉州、海口、三亚等沿海城市港口建设。

由此可见，海南自贸区建设与“一带一路”倡议对三亚的旅游发展，尤其是对以邮轮经济作为重要增长极的三亚而言，是一次难得的重大发展机遇。然而，这种机遇依旧是竞争性的，是基于高度市场化的国际合作形式、不断创新和发展的旅游产品开发，以及文化与政治契合的研究，也是对三亚把握发展机遇能力的一次挑战。

2　三亚邮轮产业发展现状及制约因素

三亚是我国知名的旅游目的地之一，其热带风光、海滨风景、宜人的环境吸引了众多国内外游客。它也是我国最早开展邮轮接待业务的城市之一，自20世纪90年代起，三亚相关港口就开始接待来此停靠的邮轮。2006年，三亚市在凤凰岛开工建设全国第一座邮轮专用码头。2007年，1个8万吨级的邮轮码头建成，并接待了首艘国际邮轮在此停靠。2014年，三亚凤凰岛国际邮轮港二期开始建设，在回填的人工岛周边新建4个邮轮泊位，包括2个15万吨级泊位和2个22.5万吨级泊位，项目竣工后，三亚凤凰岛国际邮轮港将成为亚洲最大的邮轮母港。

三亚是我国目前拥有邮轮母港的几个城市之一。2014年，三亚邮轮港接待靠泊邮轮71艘次，旅客吞吐量为15.6万人次，占全国邮轮港份额的9%，规模居全国第三位，仅次于上海、天津两港。相关数据显示，三亚邮轮港在仅有

一个大型泊位的情况下，其接待量是较为饱和的，但其发展趋势并不是逐年上升的。三亚邮轮产业的发展亦存在一些问题与瓶颈，主要体现在如下方面。

第一，客源腹地区域较小，客源量不充足。邮轮乘客往往更愿意去较近的邮轮始发港乘坐邮轮。例如，上海通过其发达的陆海空交通，其腹地的辐射范围可达长江流域地区，该地区人口稠密，经济水平较高，为上海邮轮母港提供了充裕的客源。天津港所辐射的京津及华北地区，亦有丰富的游客资源。而三亚地处岛屿之上，几乎位于我国最南部，其可直接辐射的客源地区仅为海南地区。不过，由于三亚是我国著名的旅游城市，因此可以从到三亚旅游的游客群体中开发出一部分邮轮客源。

第二，接待能力不足，季节性差异也加剧了这一矛盾。三亚邮轮旅游存在较为明显的季节性差异，每年 11 月份至次年 4 月份，在其他邮轮母港进入淡季的时候，三亚的邮轮业务却迎来旺季，仅有的一个大吨位泊位无法满足接待始发邮轮及停靠邮轮的需求。而从 4 月份起，当北方各港业务繁忙的时候，三亚邮轮业务则迎来淡季，一般无邮轮来此停靠，只有 2013 年 6 月 18 日有“大西洋号”邮轮在此停靠。

从国内的视角来看，三亚位于岛屿边缘，客源辐射地区受到限制。但从国际邮轮线路来看，三亚地处我国香港与新加坡两大国际邮轮母港之间，出港不远处即为国际重要的南海航运通道，因此特别受国际邮轮线路制定者的青睐。2015 年春节期间，世界最大邮轮公司（嘉年华邮轮公司）的 15 万吨级的“玛丽女王 2 号”邮轮访问三亚，然而因受泊船吨位容量限制，游客只能用摆渡船过驳上岸。

第三，邮轮航线不稳定，且存在政策障碍。2014 年前，由三亚出发的邮轮线路主要为丽星邮轮公司开辟的“三亚—下龙湾—岘港—三亚”线路。后由于国际形势的影响，该线路于 2014 年年底取消。而对于国际邮轮的停靠而言，亦存在政策障碍。根据我国对外籍邮轮的相关规定，外籍邮轮只能停靠一个中国港口，这就意味着外籍邮轮如果停靠三亚港口的话，就不能停靠厦门、上海等其他港口，邮轮公司必须对是否停靠三亚港口做出选择，这对客源原本就不丰富的三亚港形成了制约。

第四，邮轮产业链的整合有待完善。2014 年，三亚市引进中国交通建设股份有限公司收购及经营凤凰岛国际邮轮港，为其带来了较为充裕的建设资金及较为健全的企业运营机制。但邮轮产业链环节中，除了邮轮港口服务所衍生的诸多业务内容外，亦包括各个邮轮公司的航线运营业务、旅行社的邮轮营销业务、停靠邮轮在三亚各景区的旅游接待业务、邮轮人才培训业务等。由此可见，各产业链环节的经营主体均为企业，如果缺乏相关管理部门的强有力的推动与管理，则难以实现上述业务环节的最有效的整合，也会阻碍三亚发展成为国际性的邮轮母港城市。

3 自贸区建设与“一带一路”倡议带来的发展契机

三亚是除三沙市之外的我国最南端城市。在古代“海上丝绸之路”时期，崖州（三亚之古称）即居于重要地位，从西方海域而来的贸易船只首先抵达的中国港口城市即为崖州。虽然受制于古代的交通和经济发展水平，崖州本身难以作为古代“海上丝绸之路”的贸易港口，但这里亦是古代“海上丝绸之路”船只重要的补给地，是东西方文化交汇之地。

进入21世纪后，三亚早已突破了交通的掣肘。2014年，三亚空港客流量已达1 494万人次，琼州海峡跨海运力大大改善，各种人流、物流可以通过便捷的国内交通形式源源不断地输运到三亚，使得这座城市成为各种经济要素在流动端点的集聚区。通过近在咫尺的国际航运线，三亚成了国内各地通向“21世纪海上丝绸之路”各国的桥头堡。2014年两会期间，海南代表提出了海南在“21世纪海上丝绸之路”建设中的桥头堡作用，建议将海南打造成为“21世纪海上丝绸之路”建设的南海服务基地。三亚的发展契机主要体现在如下方面。

第一，从国家战略上支持三亚邮轮旅游产业的发展。发展邮轮经济是促进“21世纪海上丝绸之路”沿线各国旅游合作的形式之一，也是三亚获得旅游发展增长极的突破性方向。尽管三亚市在2013年通过了《三亚市邮轮旅游发展专项规划（2012—2022）》，但要实施规划所包含的内容，仍需要许多政策上的支持，需要诸如全国邮轮港口及相应企业的联动机制。自贸区建设与“一带一路”倡议创造了这样的机遇，把邮轮产业发展作为全国沿海诸省十余港口城市的重要发展事项，作为中国与“21世纪海上丝绸之路”各国经济文化合作的重要形式，而三亚的地理位置则使其成为两者之间最重要的中继站，使得三亚的邮轮旅游发展与国家战略得以契合，并得到其有力的支持。

第二，助力三亚邮轮旅游产业的国际化发展。尽管三亚跻身于全国几大邮轮母港城市，但其游客的国际化程度并不高。2013年前三季度，三亚港接待

邮轮游客10.03万人次,境外游客为1.59万人次,其中外籍游客仅为0.57万人次。从目前三亚邮轮港的接待结构来看,母港业务占主要部分;游客几乎为国内游客,受客源辐射力等因素的影响,又以海南本地客源为主。在2014年年底之前,由三亚邮轮港出发的国际航线仅有“三亚—下龙湾—岘港—三亚”航线,后因政局因素停航,至今尚未恢复,停靠三亚港的国际邮轮市场也尚在开发之中。依托自贸区建设与“一带一路”倡议,将三亚建设成为以国内与国际航线、陆空交通与海洋交通互通、旅游与商贸多元组合的中继站,是三亚邮轮产业最具发展潜力的方向。

第三,促进邮轮产业链的整合,推动邮轮经济向其他经济领域延伸。邮轮旅游具有较强的产业链延伸能力,由邮轮港口业务到邮轮旅游、岸上旅游、邮轮营销、邮轮旅游商品、邮轮培训等,邮轮产业可成为推动三亚未来旅游经济增长的引擎。

三亚的定位为西南沿海始发港,将会以邮轮港为聚合点,引进国际主要邮轮公司开辟重点航线;大量的邮轮游客在三亚停留、中转,会给三亚带来较大的增量客源,并形成巨大的岸上旅游消费市场;邮轮业务的繁荣亦需要邮轮营销、邮轮旅游品牌的塑造;邮轮经济的活跃又会对邮轮从业人员、邮轮科研人员产生巨大的需求;等等。此外,在服务邮轮旅游的同时,邮轮产业的发展也会对商品贸易、金融服务、教育培训等产生相应的促进作用。

第四,促进三亚发展海洋旅游产业。自贸区建设与“一带一路”倡议对三亚邮轮经济发展形成了强有力的支持,推动着三亚旅游向海洋旅游纵深发展。三亚面向二百多万平方公里的南疆海域,面向极具神秘色彩的三沙市,有着丰富的海洋旅游资源。“一带一路”倡议不仅能推动三亚邮轮旅游产业向国际化发展,也能助推三亚海洋旅游由近海走向远海。游艇经济、海上垂钓、海洋生物观赏、三沙岛礁旅游等海洋旅游形式的发展与完善,将进一步丰富三亚海洋旅游产业。

4 面临的挑战与应对措施

自贸区建设与“一带一路”倡议既给三亚邮轮经济发展带来重要机遇,也使三亚面临能否把握本次发展机遇的重大挑战。一方面,“一带一路”倡议所涉区域包括我国大多数省区,我国漫长的海岸线上有着北起辽宁大连、西南至广西防城港的众多海港城市及其辐射区域,它们同样希望在发展邮轮产业的机遇中获得自己的发展契机。另一方面,每个城市的地理区位、经济基础及结构、政策支撑力度等各不相同,它们亦会在竞争中获得不同的发展地位。为应对挑战,三亚邮轮产业发展需要采取以下措施。

(1)形成优势品牌效应。截至2014年,我国已经建成的邮轮母港分布在香港、上海、天津、三亚、厦门五地,而大连、青岛、舟山、深圳、广州、北海、海口等地的港口均在建设邮轮码头。尽管中国的邮轮市场是在不断发展的,但各地邮轮港口的建设增速远远超过了邮轮市场的培育,也势必会形成邮轮客源市场的竞争。三亚没有广阔的腹地客源市场,必须要有鲜明的特色和优势的品牌效应才能在内地客源市场中占领一席之地。

(2)提升邮轮产业整合能力。依据自贸区建设与"一带一路"倡议的愿景,三亚未来的邮轮产业发展战略将以南海区域游、国内沿海游、国际游为主要内容,尤其是"21世纪海上丝绸之路"航线的开辟,增强了三亚与东南亚、南亚、西亚等地区的邮轮旅游联系。要支撑这些内容的发展,需要全面提升三亚发展邮轮旅游的能力,包括邮轮航线产品的开发、邮轮营销与品牌的建设、基于邮轮游客的三亚旅游线路的开发与完善等。尤其是在三亚邮轮品牌打造上,仅仅依靠邮轮母港单位是远远不够的,需要各邮轮公司、邮轮营销体系的各单位、地方旅游管理单位、地方科研院所等鼎力合作,以统一的战略、科学的方式树立良好的旅游地形象,打造三亚邮轮旅游品牌。

(3)完善基础设施。三亚凤凰岛国际邮轮港二期建设完工后,该港的邮轮接待能力将突破200万人次。这就要求三亚市相关基础设施的建设要适应邮轮旅游带来的增量负荷,包括陆路运输能力的提升,水电基础设施负荷能力的改善,金融、贸易、出入境管理国际化程度的完善,等等。这将为三亚带来两个方面的改进压力:一方面,要满足增量游客对基础设施的增量负荷需求;另一方面,需要在设施质量上不断提升,以满足高度国际化、品牌化的邮轮游客对接待环境的高品质需求。

(4)立足经济特区与国际旅游岛,积极争取各项政策的支持。三亚要发展成为国际邮轮母港,仍然存在许多政策上的制约。一是"多港停靠"的制约。国际邮轮不能连续停靠我国两个及以上邮轮港口,这对客源辐射范围本来就有限的三亚港形成了较大制约。二是经营内容的制约。比如,国际邮轮可在公海区域经营博彩娱乐项目,该部分的收入往往占游客在邮轮上二次消费份额的三分之一。然而,由于政策的限制,中国邮轮企业不能经营这方面的项目,这制约了我国邮轮企业与国际邮轮公司的竞争抗衡能力。因此,可在经营内容上探寻与国际接轨的可能性。此外,若能推行基于邮轮试验区的购物免税、简化签证程序等配套政策,亦能有效地促进三亚邮轮旅游产业的发展。

5 结语

自贸区建设与"一带一路"倡议带来了邮轮旅游的热潮,这对三亚邮轮产业的发展既是一个机会,亦是一种挑战。三亚邮轮港具有诸多其他邮轮港所没有的优势,但也存在如客源腹地小、整合能力弱、接待基础设施受限、产业链优化度不高、品牌塑造不强等制约因素。三亚邮轮产业的发展必须以有效排除不利因素为前提。

参考文献

[1] 孙晓东,冯学钢. 中国邮轮旅游产业:研究现状与展望[J]. 旅游学刊,2012,27(2):101-112.

[2] 张明香,吴静. 2014年全国邮轮母港发展回顾及2015年展望[J]. 中国港口,2015(2):4-6.

[3] 张言庆,马波,刘涛. 国际邮轮旅游市场特征及中国展望[J]. 旅游论坛,2010,3(4):468-472.

[4] 冯琼,肖思智,刘家诚,等. 三亚国家服务业综合改革试点政策优化系列研究:三亚邮轮产业调研报告[J]. 特区经济,2014(1):21-23.

[5] 李柏青. 三亚市邮轮产业生态研究[J]. 特区经济,2008(6):28-29.

[6] 蔡晓霞,牛亚菲,罗霄,等. 中国邮轮旅游竞争潜力测度[J]. 地理科学进展,2010,29(10):1273-1278.

[7] 三亚市人民政府. 三亚市邮轮旅游发展专项规划(2012—2022)[Z]. 2013-1-18.

[8] 吴俊,沈仲亮. "一带一路"的旅游愿景如何实现?[N]. 中国旅游报,2013-4-1(1).

[9] 吴浩,何伟,孙世芳. 三亚:谋篇布局国际化[N]. 经济日报,2015-7-22(3).

[10] 亓元,单德鹏. 中国港口城市邮轮产业竞争力测度:兼论三亚邮轮产业

发展[J].广义虚拟经济研究,2010,1(2):35－41.

[11] 曹琳.地理标志产品的品牌化机制与策略研究[D].济南:山东大学,2012.

[12] 庄文妍.三亚邮轮母港旅游竞争力研究[J].中国水运(下半月),2011,11(7):49－50.

[13] 王万茂.积极发展邮轮产业建设邮轮母港:三亚发展邮轮产业认知[J].中国港口,2013(5):22－24.

从产业链视角论邮轮管理专业本科层次培养

单德朋　亓　元

摘要：本文通过对邮轮产业链各个节点进行分解，分析了各节点人才所需的能力。结合邮轮专业的学科特点，应注重培养学生的旅游管理能力、旅游服务技能、港口接待能力和实用中英文等通用能力。针对这四种能力，本文对相应课程体系的构建提出了相应建议，并根据现有课程体系不完善的现状提出了以后邮轮专业培养模式转变的方向，即完善既有课程、适当调整课程内容、调整课程权重、探索合理的理论与实训以及必修与选修架构。

关键词：产业链；邮轮管理；培养模式

随着国际、国内邮轮旅游业的不断发展，整个邮轮产业对人才的需求数量日益增加。作为新兴产业，其人才培养尤其是本科层次的人才培养还没有固定模式。自 2008 年海南大学三亚学院成立我国第一个邮轮管理本科专业以来，陆续有大连海事大学、上海工程技术大学等院校开设邮轮相关专业。截至 2012 年，还没有邮轮专业本科层次毕业生加入邮轮人力市场，在需求和供给的匹配度上还存在不确定性。为了培养更符合市场要求的合格人才，学界开始加大对邮轮专业本科层次培养模式的思考。

1　理论综述

对邮轮管理专业人才培养模式探讨的理论源头为学者对旅游管理专业培养模式的研究。自 1998 年教育部在普通高等院校本科专业目录中对旅游管理专业的业务培养目标进行规定以来，学界对旅游管理专业的人才定位、培养模式、课程设置、教学方法等问题进行了大量研究。

相较于旅游管理人才培养研究的丰富性和多角度性，学界对邮轮管理专业培养模式的研究才刚刚展开。赵玲通过比较分析中国开设邮轮专业的部分院校及其课程设置得出结论：目前中国在邮轮旅游人才教育方面存在培养目标模糊、课程体系不规范、师资力量薄弱、专业教材缺乏等问题。孙亮亮通过定性分析指出,邮轮产业的国际性和边缘性使得相关从业人员需要具备较高的外语水平及旅游、航运、经济管理等综合素质,而现有人才的知识储备不足以匹配邮轮产业对人才的高要求,因此我国现在面临邮轮综合素质人才不足的瓶颈。陈紫华认为,邮轮旅游产品的高端性决定了旅游人才的专业性和国际性,有专业邮轮旅游服务经验的人才是运作邮轮旅游产品的基本条件。但这也是目前国内所有港口城市发展邮轮旅游业面临的重要难题之一。为解决这些相关问题,应采取政府、高校、企业合作的方式有针对性地培养人才。

综合以上既有研究来看,学界对邮轮专业人才培养的研究更侧重于培养邮轮专业人才的意义和迫切性,而对邮轮专业人才培养的方式方法分析不够,欠缺普适性和可操作性。对邮轮人才培养的研究应更侧重于分析邮轮人才的能力要求和具体的培养思路,简而言之就是研究培养什么样的邮轮人才和如何培养。

本文将通过对邮轮产业链的分析逆向推导邮轮专业人才所需的能力,进而针对这些能力提出相应培养策略。

2 新形势下对邮轮人才的能力要求

邮轮产业是指与邮轮的工业化、产业化、国际化发展,以及与文化、经济发展过程(从生产到流通、到服务)密切相关的行业。邮轮产业是介于运输业、观光与休闲业、旅游业之间的一种边缘产业。邮轮产业可以以产业链为依托产生经济效应。总体而言,邮轮经济产业链主要由以下节点构成:一是邮轮的设计、建造、修理及其配套设施的建设等;二是邮轮在码头抵离、停靠及生产时油、水、备品补给引发的产品和服务的关联交易;三是邮轮公司需要在母港设置规模较大的地区总部,并招聘一定比例的船务人员;四是邮轮游客在停靠港参观游览产生的一系列涉及游乐的行为;五是游客在居住地与邮轮母港之间往来而产生的交通、住宿、餐饮等活动;六是游客在邮轮上度假所涉及的各项活动。

2.1 邮轮设计、建造、修理及其配套设施建设

豪华邮轮等大型船舶从设计到建造的整个流程(如生产设计、相关材料和设备的采购、板和型材加工、分段组装、船体合龙、下水、码头舾装、试验交船

等)主要由造船厂来完成。邮轮产业链的这个节点需要相关人才具备邮轮设计理念、舱室艺术设计、邮轮装备设计等能力。

以下两个原因的存在导致我国并未注重培养邮轮管理专业人才的邮轮设计、建造、修理及其配套设施建设所需相关能力:第一,目前法国、德国、芬兰、意大利四国垄断了邮轮设计建造99%的市场份额,市场进入门槛较高;第二,设计建造等相关能力已由船舶工程技术等专业进行培养。

2.2 停靠港口补给

大型邮轮在停靠或挂靠港口时会产生油料、淡水、鲜花等物资的补给,接受港口服务,处置废品等活动。这就要求相关从业人员具备和邮轮公司联络接洽的能力、物流配送能力等。此外,邮轮在异国停靠时需要按照停靠港口所在国的出入境管理程序和口岸管理程序来进行,这就要求港口邮轮接待人员具备以下能力:第一,和政府保持良好接触的能力;第二,和邮轮上相关部门实时沟通的能力;第三,熟悉邮轮在中国港口及水域的各项代理业务,包括报关、报检等业务;第四,熟知海事海商法。

2.3 邮轮公司总部

邮轮公司总部主要负责总体运行,包括航线设计、船队调度等。这就要求相关工作人员除了需要掌握公司经营管理的相关知识之外,还需要具备航线设计、旅游产品开发等相关能力。

2.4 邮轮游客在挂靠港停留

邮轮游客到达航线上的挂靠港口后可以到岸上欣赏异国风情、娱乐购物等。这些活动在给港口城市带来收益的同时,也对港口城市的接待人员提出了要求。为更好地为邮轮游客服务,港口旅游接待人员应具备的能力主要有:第一,整合旅游资源、包装旅游产品的能力;第二,有风险和法律意识,熟知国内外旅游相关法律法规;第三,顺利完成地接的能力。此外,如果允许游客在挂靠港登轮,则港口旅游相关部门需要具备邮轮产品营销、落实发团计划等能力。为了让游客更便捷地往返于客源地和邮轮母港,邮轮合作旅行社也需要具备相应接待能力。

2.5 邮轮上

邮轮具备多种功能，邮轮上的主要设施、设备有：酒吧、咖啡厅、免税商店、夜总会、健身中心、图书馆、会议中心和青少年中心、游泳池、保龄球馆、篮球馆、排球馆等。除此之外，邮轮在航程中为了提高游客满意度，提高重游率，还需要不断对设施服务活动进行创新，如举办艺术品鉴赏拍卖会、大型表演等活动。为了适应市场的需求，邮轮上的管理人员和工作人员应具备以下能力：第一，宴会和节事活动策划管理能力；第二，整体的运营管理能力，包括人力资源、财务、安全、宾客关系、公共关系、工程设备等管理能力；第三，对客服务技能，包括客房、餐饮、康乐、前厅等相关部门所需的技能。

3 所需能力的总结及培养手段

综合以上对产业链每个节点所需能力的分析可以看出，整个邮轮产业所需要的能力主要可以分为四类：邮轮设计、建造、维修相关能力；旅游管理能力；旅游服务技能；港口接待能力。对邮轮管理专业而言，培养方案能够涉及的主要是后三种能力，第一种能力主要由船舶设计与制造专业来培养。

3.1 旅游管理能力

根据1998年教育部在普通高等院校本科专业目录中对旅游管理专业业务培养目标的规定，旅游管理本科专业的培养目标为：培养具有管理、经济、民俗文化、法律和旅游专业知识，能在各级旅游行政管理部门、旅游企业从事管理工作的高级专门人才，以及具备进一步从事旅游教学、科研潜力的研究型人才。该专业的主干学科为工商管理，因此邮轮管理专业应通过对工商管理学科进行系统学习掌握旅游管理能力。具体来看，培养旅游管理能力所需的课程主要有管理学原理、西方经济学、管理信息系统、统计学、会计学、财务管理、市场营销、人力资源管理、饭店管理学原理、餐饮管理、客房管理、康乐管理、旅行社经营管理、会议节事策划管理。

3.2 旅游服务技能

旅游服务技能包括客房服务技术、餐厅服务技术、调酒技巧、沟通技巧、模拟导游、艺术品鉴赏等。这部分能力的培养可以通过设置相应实验实训室以

及开设选修课来完成，根据学生兴趣和就业方向进行专门训练，在理论培训的同时兼顾学生的技能培训。

3.3 港口接待能力

港口接待主要体现在港口官方接待、外轮代理接待和旅行社地接三个层面。官方接待主要由边防检查部门进行，旅行社地接主要涉及旅行社相关职能。真正能够体现邮轮专业优势的是外轮代理接待。因此，邮轮管理专业对港口接待能力的培养也应主要围绕外轮代理接待展开。其涉及的课程主要有海事海商法、国际航运管理、海洋地理、邮轮代理操作事务等。

3.4 通用能力

通用能力的培养主要涉及职业基础能力的培养，培养课程主要有中英文应用文写作、计算机操作、外语等。由于邮轮专业的特殊性，该专业人才除了应具备英文读写能力之外，还应掌握一门小语种外语。

4 结论及未来的发展方向

为了区别于酒店管理和旅行社管理等专业，体现邮轮管理专业的优势，邮轮管理专业应着力于培养学生以下四种能力：培养学生的旅游服务能力，保证学生能够上岗；培养学生的旅游管理能力，保证学生在上岗的同时拥有上阶梯的潜力；培养学生的港口接待能力，体现邮轮专业特色，迎合市场需求，拓宽就业渠道；培养学生的通用能力，配合以上三种能力并放大以上三种能力，夯实从业基础。结合以上四种能力和现有的课程体系，邮轮管理专业在未来发展中还需要从以下方面进行改善。

4.1 完善既有课程

现有课程（如海事海商法、邮轮代理操作事务、航海英语等）架构还不足以涵盖邮轮专业所涉及的四种能力，这就要求邮轮管理专业在制订课程计划时要合理规划。在设置法律法规相关课程时，可以综合《中华人民共和国海关进出境运输工具舱单管理办法》、《中华人民共和国海商法》及案例分析、《国际航运法律法规文件汇编》等内容。在开设邮轮代理操作事务课程时，可以结合邮轮外代、边检部门实操经验和《国际船舶代理与无船承运业务实务》，通过和当地邮轮外代、边检部门的学科共建,有针对性地培养学生的接待能力。

4.2 适当调整课程内容

现有的教学课程内容应根据邮轮的实际情况适当加以补充完善。餐饮管理、客房管理、康乐管理等内容应针对邮轮的特殊性进行适当调整,沟通能力课程应更注重培养学生的跨文化沟通能力。

4.3 调整课程权重

当前,相关领域对上述四种能力所涉及课程的权重还没有任何研究,但合理的课程权重体系对目标导向型培养意义重大。因此,建议各开设邮轮管理专业的学校应根据自身学生素质和培养目标,结合上文提到的四种能力以及各门课程对能力培养的作用建立三级指标体系,然后通过专家打分法对各种能力进行权重分解,对各门课程进行权重分解,从而使培养模式更符合因材施教、因需施教。

4.4 探索合理的理论与实训、必修与选修架构

应在调整课程权重的基础上,以时间约束下的效用最大化为前提进行相应改革,以适应社会的需求,使学生具有合理的理论、技能结构,在教学过程中不断激发学生的创新意识。在构建课程体系时,要以培养学生创新能力和适应社会需求为目标,合理科学地设置课程。要打破传统的"基础课→专业基础课→专业必修课"的课程模式,充分利用校企合作平台,精简理论教学,把握理论教育需让学生够用这个度,增加实践环节,让学生在"学中做,做中学",培养他们的创新能力。在这一环节中,学校在进行教学设计时如果片面强调实践的重要性而忽视了相关理论教学,则很容易使学生所学的理论与实践脱节,从而在以后遇到相似实践时不能灵活运用所学理论知识理解该实践;如果片面强调理论知识的教育,学生学习时会感觉枯燥烦琐,并且很难在短时间内掌握。笔者在"电气安装的规划与实施"课程教学中尝试了"教、学、做"一体化的方法。例如,在介绍 Y-△减压启动电气原理图时,笔者将该原理分成了两部分(主电路与控制电路),笔者在介绍一部分电气原理后让学生现场动手搭接实物,并且自行优化所接电路,使学生在循序渐进的学习过程中激发学习的积极性与主动性,培养了学生独立思考的能力,有效激发了他们的创新意识,

拓宽了他们的知识结构。

4.5 加强师资队伍建设

学生创新能力的培养需要一支具有先进教学理念及综合知识结构且具备很强实践能力的教师队伍,师资队伍的质量会直接影响学生创新能力的培养,因此,学校在研究培养学生创新能力的同时也要注重师资队伍创新能力的培养。例如,不断提高双师素质教师的比例,定期将任课教师送入企业进行实践,鼓励教师与企业共同开展横向课题,让教师参与项目的开发设计与生产,从而使教师了解一些产品的前沿信息,并提高授课质量;给教师减负,让教师能够在自己的专长方面有所创新;教师在每年的讲授课程中应尽量减小跨度,从而发挥自己的一技之长,在自己的研究领域不断提升科研与实践能力,并将这些能力转化为教学内容;在教学过程中,教师应具有自己独特的教学风格和教学方法,积极采用先进教学手段,激发学生的创新潜能。

参考文献

[1] 钟志平.建立“双体系”教育体系 突出“应用型”旅游管理人才培养特色[J].旅游学刊,2003(S1):22-26.

[2] 钟贤巍.从旅游管理学科特点看旅游人才的培养[J].经济纵横,2006(12):20-22.

[3] 赵建军.地方高校特色化旅游管理人才培养模式新思维[J].旅游学刊,2005(S1):67-70.

[4] 陈才.对旅游管理专业(本科段)课程体系改革的几点思考[J].旅游学刊,2003(S1):35-37.

[5] 张多中.旅游管理专业(本科)的课程体系和教学方法探讨[J].旅游科学,2001(2):41-43.

[6] 赵玲.高等院校邮轮旅游人才培养模式研究[J].航海教育研究,2009(2):57-60.

[7] 孙亮亮.厦门港发展邮轮经济研究[D].大连:大连海事大学,2008.

[8] 陈紫华.港口城市邮轮旅游业竞争力评价研究[D].厦门:厦门大学,2008.

[9] 中华人民共和国教育部高等教育司. 普通高等学校本科专业目录和专业介绍 :1998 年颁布[M]. 北京:高等教育出版社,1998.

[10] 胡建伟,陈建淮. 上海邮轮产业集群动力机制研究[J]. 旅游学刊,2004,19(1):42 -46.

三亚邮轮旅游市场潜力预测

鲍富元

摘要:邮轮旅游是国际旅游业中增长幅度较大的业务之一,三亚的邮轮旅游自凤凰岛国际邮轮码头投入使用以来,便步入了快车道。本文运用三次指数平滑法对三亚旅游市场的总游客人数进行预测,并在此基础上结合国际经验中邮轮游客占总游客量的比率,进一步估测三亚邮轮旅游的游客市场规模。这对准确认识三亚邮轮旅游市场发展趋势和研究制订市场开发策略具有重要参考意义。

关键词:三次指数平滑法;邮轮旅游市场;潜力预测

1　引言

邮轮旅游诞生于20世纪60年代的北美地区。一经推出,邮轮旅游便以其时尚、高档、前卫、休闲、浪漫的旅游消费形式迅速成为全世界增长速度最快的旅游产品。经过近50年的技术进步和产业发展,邮轮旅游已经逐渐演变成一个庞大、成熟的产业。全球邮轮旅游市场一直稳健扩张,潜力很大。CLIA(国际邮轮公司联合会)资料显示,自1980年以来,国际邮轮旅游业以平均每年8.6%以上的速率增长,其中,1996—2006年年均增长9.3%,成为国际邮轮业近年来发展的最大亮点。20世纪70年代,全球邮轮游客量为50万人次,到2006年达到1 210万人次,2007年约为1 260万人次。

随着中国经济的快速发展和人民生活水平的迅速提高,人们对高端旅游产品的需求日益增加。世界邮轮巨头更是看好中国的潜力,认为中国将成为世界邮轮业发展的巨大市场。根据一些发达国家的经验,社会结构中存在一定数量的中产阶层和富裕阶层时才具备邮轮旅游的发展条件;在人均GDP达到6 000~8 000美元时,邮轮旅游产业将进入快速发展期。目前,我国沿海地区的一些城市在客观上已经具备了邮轮旅游业发展的物质基础。本文针对邮轮旅游市场需求快速增长的特征,以三亚的邮轮旅游市场为切入点,利用三次指数平滑法对三亚旅游的人数进行相关预测,并结合国际经验,对三亚游客总量中的邮轮游客市场规模做出估计,为三亚制订邮轮旅游市场的开发策略提供参考。

2 三亚邮轮旅游概述

邮轮起源于欧洲,最初是指用于运送邮件的轮船,其客运及货运的交通作用远大于游览作用。随着航空技术的发展,这种交通意义上的跨洋型邮轮基本上退出了历史舞台。现代邮轮已经发展成为集交通、娱乐休闲、住宿、餐饮、健身、购物于一体的综合型旅游产品,是备受发达国家推崇的一种旅游方式。目前,全球邮轮旅游市场份额的79.7%由三家大型邮轮公司控制,他们分别为嘉年华邮轮公司、皇家加勒比邮轮公司和丽星邮轮公司。

三亚凤凰岛国际邮轮港于2006年11月9日建成并投入运营,是国际邮轮游客进入三亚的门户通道。目前,已建成一座8万吨级邮轮码头,并配套建设了近万平方米、设有16个边检通道的现代化客运联检楼,可一次性接待3 000名国际游客出入境,年接待游客量可达30万人次。另外,2个15万吨级码头和2个22.5万吨级码头正在规划报建之中,建成后将能接待世界上最大的邮轮。

3 三亚邮轮旅游市场潜力预测

3.1 三次指数平滑法

指数平滑法也称指数加权移动平均法,是指对反映变量历史变化情况的统计数据(时间序列)加以大致修匀平滑,以便分析变量的演变趋势。指数平滑模型有三种常见方法:一次指数平滑法、二次指数平滑法和三次指数平滑法。一次指数平滑法适用于没有趋势变化的稳定的时间序列,二次指数平滑法适用于具有线性变化趋势的时间序列,三次指数平滑法对呈现非线性变化的时间序列的预测精度较高。三次指数平滑法的原理如下。

设时间序列为$\{y_1, y_2, \cdots, y_t\}$,其中,$y_t$为第$t$周期的实际值,则指数平滑法的计算公式为

一次指数平滑法 $S_t^{(1)} = \alpha y_t + (1-\alpha)\ S_{t-1}^{(1)}$

二次指数平滑法 $S_t^{(2)} = \alpha S_t^{(1)} + (1-\alpha)\ S_{t-1}^{(2)}$

三次指数平滑法 $S_t^{(3)}=\alpha S_t^{(2)}+(1-\alpha)S_{t-1}^{(3)}$

式中 α 为加权系数,且 $0<\alpha<1$;$S_t^{(1)}$、$S_{t-1}^{(1)}$ 为一次指数平滑值;$S_t^{(2)}$、$S_{t-1}^{(2)}$ 为二次指数平滑值;$S_t^{(3)}$、$S_{t-1}^{(3)}$ 为三次指数平滑值。

一次指数平滑法的预测模型 $\hat{y}_{t+1}=\alpha y_t+(1-\alpha)S_{t-1}^{(1)}$

二次指数平滑法的预测模型 $\hat{y}_{t+T}=a_t+b_tT$

式中 T 为超前周期序号;a_t 为截距,$a_t=2S_t^{(1)}-S_t^{(2)}$;b_t 为斜率,$b_t=\frac{\alpha}{1-\alpha}(S_t^{(1)}-S_t^{(2)})$。

三次指数平滑法的预测模型 $\hat{y}_{t+T}=a_t+b_tT+c_tT^2$

式中 $a_t=3S_t^{(1)}-3S_t^{(2)}+S_t^{(3)}$;$b_t=\frac{\alpha}{2(1-\alpha)^2}[(6-5\alpha)S_t^{(1)}-2(5-4\alpha)S_t^{(2)}+(4-3\alpha)S_t^{(3)}]$;$c_t=\frac{\alpha^2}{2(1-\alpha)^2}(S_t^{(1)}-S_t^{(2)}+S_t^{(3)})$。

用指数平滑法进行预测计算时,要估计初始值 $S_0^{(1)}$、$S_0^{(2)}$、$S_0^{(3)}$,其初始值可以取最初几个实际数值的平均值(如 $S_0^{(1)}=y_1$ 或 $S_0^{(1)}=\frac{y_1+y_2}{2}$),因为实际数值只选取最近 5 年的实际数据,所以这里我们取 $S_0^{(1)}=S_0^{(2)}=S_0^{(3)}=y_1$。加权系数的选择是指数平滑法的关键,一般选取多个值分别计算其平均绝对误差 MAD,以 MAD 最小者为最合理的值。平均绝对误差 $\text{MAD}=\frac{1}{n}\sum_{t=1}^{n}|e_t|$,$e_t$ 为实际数据与平滑预测值的误差。

3.2 三次指数平滑法的应用

2005—2009 年,三亚旅游过夜人数趋势如图 1 所示。

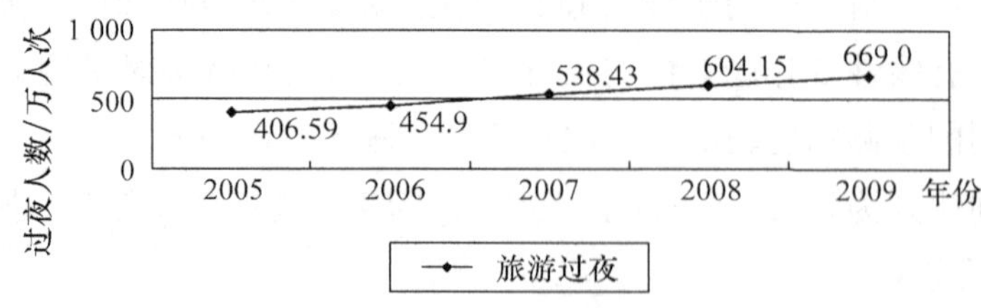

图 1 三亚市旅游过夜人数(2005—2009 年)

由图 1 可以看出,三亚市旅游过夜人数变化呈非线性趋势,故采用三次指数平滑法预测。取第一个数据值作为三次指数平滑的初始值,即 $S_0^{(1)} = S_0^{(2)} = S_0^{(3)} = y_1 = 406.59$,选取 $\alpha = 0.4, 0.5, 0.6$ 进行预测,根据平滑指数法公式得出对应的平滑值,见表 1、表 2 和表 3。

表 1　$\alpha = 0.4$ 时的平滑值

$S_1^{(1)}$	$S_2^{(1)}$	$S_3^{(1)}$	$S_4^{(1)}$	$S_5^{(1)}$
406.59	425.91	470.92	524.21	582.15
$S_1^{(2)}$	$S_2^{(2)}$	$S_3^{(2)}$	$S_4^{(2)}$	$S_5^{(2)}$
406.59	414.31	436.96	471.86	515.98
$S_1^{(3)}$	$S_2^{(3)}$	$S_3^{(3)}$	$S_4^{(3)}$	$S_5^{(3)}$
406.59	409.67	420.58	441.09	471.04

表 2　$\alpha = 0.5$ 时的平滑值

$S_1^{(1)}$	$S_2^{(1)}$	$S_3^{(1)}$	$S_4^{(1)}$	$S_5^{(1)}$
406.59	430.75	484.59	544.37	606.71
$S_1^{(2)}$	$S_2^{(2)}$	$S_3^{(2)}$	$S_4^{(2)}$	$S_5^{(2)}$
406.59	418.67	451.63	498.00	552.36
$S_1^{(3)}$	$S_2^{(3)}$	$S_3^{(3)}$	$S_4^{(3)}$	$S_5^{(3)}$
406.59	412.63	432.13	465.07	508.72

表 3　$\alpha = 0.6$ 时的平滑值

$S_1^{(1)}$	$S_2^{(1)}$	$S_3^{(1)}$	$S_4^{(1)}$	$S_5^{(1)}$
406.59	435.58	447.17	501.93	602.20
$S_1^{(2)}$	$S_2^{(2)}$	$S_3^{(2)}$	$S_4^{(2)}$	$S_5^{(2)}$
406.59	423.99	437.90	476.32	551.85
$S_1^{(3)}$	$S_2^{(3)}$	$S_3^{(3)}$	$S_4^{(3)}$	$S_5^{(3)}$
406.59	417.03	429.56	457.62	514.16

根据表1、表2、表3的平滑值计算误差，其结果如表4所示。

表4　三次指数平滑值及误差计算表

t		1	2	3	4	5
y_t		406.59	454.9	538.43	604.15	669.05
$\alpha=0.4$	$S_t^{(3)}$	406.59	409.67	420.58	441.09	471.04
	$\lvert e_t \rvert$	0	48.31	128.76	183.57	227.96
$\alpha=0.5$	$S_t^{(3)}$	406.59	412.63	432.13	465.07	508.72
	$\lvert e_t \rvert$	0	48.31	125.8	172.02	203.98
$\alpha=0.6$	$S_t^{(3)}$	406.59	417.03	429.56	457.62	514.16
	$\lvert e_t \rvert$	0	48.31	121.4	174.59	211.43

根据表4的相关结果，计算平均绝对误差MAD。

$$MAD_{(0.4)}=\frac{1}{n}\sum_{t-1}^{n}\lvert e_t\rvert=\frac{1}{n}\sum_{t=1}^{n}\lvert y_t-S_t^{(3)}-1\rvert=\frac{588.6}{5}=117.72;$$

$$MAD_{(0.5)}=\frac{1}{n}\sum_{t-1}^{n}\lvert e_t\rvert=\frac{1}{n}\sum_{t=1}^{n}\lvert y_t-S_t^{(3)}-1\rvert=\frac{550.11}{5}=110.02;$$

$$MAD_{(0.6)}=\frac{1}{n}\sum_{t-1}^{n}\lvert e_t\rvert=\frac{1}{n}\sum_{t=1}^{n}\lvert y_t-S_t^{(3)}-1\rvert=\frac{555.73}{5}=111.15。$$

比较可得，当$\alpha=0.5$时，MAD最小，因此取$\alpha=0.5$作为三次指数平滑预测模型的加权系数。根据三次指数平滑法的预测模型公式可以得出：

$$a_5=3S_5^{(1)}-3S_5^{(2)}+S_5^{(3)}=3\times606.71-3\times552.36+508.72=671.77;$$

$$\begin{aligned}b_5&=\frac{\alpha}{2(1-\alpha)^2}[(6-5\alpha)S_5^{(1)}-2(5-4\alpha)S_5^{(2)}+(4-3\alpha)S_5^{(3)}]\\&=\frac{0.5}{2\times0.5^2}[(6-5\times0.5)\times606.71-2(5-4\times0.5)\times552.36+\\&\quad(4-3\times0.5)\times508.72]\\&=81.13;\end{aligned}$$

$$\begin{aligned}c_5&=\frac{\alpha^2}{2(1-\alpha)^2}(S_5^{(1)}-2S_5^{(2)}+S_5^{(3)})\\&=\frac{0.5^2}{2\times0.5^2}(606.71-2\times552.36+508.72)=5.36。\end{aligned}$$

由于 $\hat{y}_{t+T} = a_t + b_t T + c_t T^2$，则

$\hat{y}_6 = a_5 + b_5 + c_5 = 671.77 + 81.13 + 5.36 = 758.26$；

$\hat{y}_7 = a_5 + 2b_5 + 4c_5 = 671.77 + 162.26 + 21.44 = 855.47$；

$\hat{y}_8 = a_5 + 3b_5 + 9c_5 = 671.77 + 243.39 + 48.24 = 963.4$；

$\hat{y}_9 = a_5 + 4b_5 + 16c_5 = 671.77 + 324.52 + 85.76 = 1082.05$；

$\hat{y}_{10} = a_5 + 5b_5 + 25c_5 = 671.77 + 405.65 + 134 = 1211.42$。

以上结果统计见表5。

表5　三亚过夜游客人数与邮轮旅游人数预测表

年份/年	过夜游客人数预测值/万人次	邮轮旅游潜力预测/万人次
2010	758.26	37.91
2011	855.47	42.77
2012	963.40	48.17
2013	1 082.05	54.10
2014	1 211.42	60.57

从以上预测可以看出，三亚市过夜游客人数在未来几年内将增长显著，三亚邮轮旅游市场的需求也将相应增长。相关数据显示，在北美，有4%的人选择邮轮旅游；而在欧洲，每3 000万人中就有250万人选择邮轮出游，即选择邮轮出游的人数比重约为8.3%。结合三亚邮轮旅游市场的快速成长，保守估计三亚过夜游客中每年有5%的人选择邮轮旅游，则2010—2014年三亚邮轮旅游的市场潜力将如表5所示，这为三亚邮轮经济的发展奠定了坚实的市场基础。

4　结语

借助定量和定性分析相结合的预测方法，能准确把握三亚邮轮旅游市场未来的广阔发展空间，为积极探索推动三亚邮轮旅游发展的战略构想提供科学的依据。基于三次指数平滑法和经验估计的预测，是以三亚旅游市场的稳定快速发展为基础的，而旅游是个综合性、脆弱性行业，不可控的影响因素比

较多,因此研究制定政策要考虑实情,以更好地保证三亚邮轮旅游市场实现持续发展。

参考文献

[1] 张锋,林善浪.国际邮轮产业发展现状及趋势分析[J].中国港口,2008(8):25-26.

[2] 韩宏涛.上海发展国际邮轮经济研究[D].上海:上海海事大学,2005.

[3] 姜秀敏.上海邮轮经济发展的潜力研究[D].上海:上海海事大学,2006.

“一带一路”视野下三亚凤凰岛国际邮轮港竞争力提升研究

张颖超

摘要：本文以三亚凤凰岛国际邮轮港为研究对象，通过文献阅读法、实地考察法、案例分析法，发现凤凰岛国际邮轮港存在航线单一、旅游产品单一、港口接待能力弱、缺乏邮轮港口接待相关人才等问题，并针对上述问题提出增加邮轮航线、设计新的旅游产品、完善邮轮港口接待配套设施、加强校企合作等意见和建议。

关键词：三亚凤凰岛国际邮轮港；港口竞争力；邮轮旅游产品

1 引言

国际邮轮企业协会（CLIA）研究表明，自1990年以来，邮轮游客年均增幅为7.4%，是全球旅游市场发展最快的旅游板块。全球权威邮轮组织和机构（欧洲邮轮协会和国际邮轮协会）预测，2020年，全球邮轮乘客将达到3 000万人次，其中欧洲和亚太市场扩张将更加明显。随着2015年“中国丝绸之路旅游年”的启动，世界邮轮产业的重心不断快速东移。在国家“一带一路”倡议的推动下，2015年，中国邮轮旅游产业发展进入黄金时期。

三亚凤凰岛国际邮轮港于2006年正式建成并于当年11月试航，一期已建成一座8万吨级国际邮轮码头和面积约1万平方米、设有16个边检通道的现代化客运联检楼，港口可一次性接待3 000名游客出入境，港口年接待游客量为30万人次。自2006年通航至2017年，凤凰岛国际邮轮港已接待邮轮460余艘次，进出港旅客超过80万人次。截至2016年12月，凤凰岛邮轮港二期工程已建成两个15万吨级邮轮泊位，另有两个22.5万吨级邮轮泊位正在建设中。二期工程竣工后，凤凰岛国际邮轮港可同时停靠6～8艘世界级豪华邮轮，年接待游客量可达200万人次以上，有望成为亚洲最大、世界第三的邮轮母港。

近年来,三亚在地方治安的治理、旅游服务质量的提高、旅游基础设施建设和旅游投诉处理方面加大了力度,一定程度上提高了三亚旅游的吸引力,选择三亚作为旅游目的地的游客数量增加,旅游收入也不断提高。但是,停靠三亚凤凰岛国际邮轮港的邮轮数量依然很少,除了每周定期往返于三亚和西沙的"北部湾之星号"邮轮外,并没有其他邮轮或航线将三亚作为母港。

2　三亚凤凰岛国际邮轮港现状及问题分析

2.1　政策环境

2011 年 12 月 16 日,国家旅游局下发了《国家旅游局关于批准开通三亚至越南海上邮轮边境旅游线路的复函》,同意开通三亚至越南的岘港、广宁(下龙)海上邮轮边境 7 日游线路,并同意海南实施西沙旅游开放开发的政策。2014 年 9 月,西沙邮轮旅游开始改为从三亚出发,截至 2015 年 5 月,共运行 59 航次,接待游客 9 575 人次,目前西沙邮轮旅游已实现常态化运营。三亚邮轮旅游的另一个优势就是靠近东南亚地区,而到 2017 年,只开通了三亚至越南的航线,开发的航线太少,供游客选择的航线少,也导致了客源不足。因此,三亚还需要"深挖"政策,开发更多邮轮航线,加大宣传,吸引更多邮轮游客。

2.2　港口设施

截至目前,凤凰岛国际邮轮港二期已经完成填海工程,并已建成两个 15 万吨级泊位,提高了凤凰岛国际邮轮港的接待能力,凤凰岛邮轮港码头基础数据见表 1。但是,一期工程的联检大楼不能很好地配合二期邮轮码头的使用,10 万吨及以上级别邮轮停靠后,游客需要在新港码头乘摆渡车到达一期的联检大楼过安检,花费时间较长,且连接一、二期码头的通道较为简陋,游客初到三亚的感受较差。此外,凤凰岛至今没有大型的购物和娱乐场所,游客到港后只能乘坐巴士进入市区购物、娱乐,不利于满足游客尤其是停留时间较短游客的购物和娱乐需求。

表1　凤凰岛邮轮港码头基础数据

一期码头			二期码头			
泊位	1	2	3	4	5	6
吨位/万吨	0.8	8	10	15	15	22.5
码头长/米	370	370	1610(总长)			
水深/米	-7	-9.7	-11.6(平均)			

2.3　岸上观光

三亚拥有丰富的旅游资源,并且从凤凰岛国际邮轮港出发花费时间约为一个小时的经典景区较多,如南山文化旅游区(佛教文化,5A级)、大小洞天风景区(道教文化,5A级)、蜈支洲岛旅游区(海岛旅游,5A级)、天涯海角游览区(文化古迹,4A级)、三亚千古情景区(大型表演,水上乐园,4A级)、三亚凤凰岭海誓山盟景区(索道,三亚市景,4A级)等。但是,与凤凰岛国际邮轮港建立合作关系的景区并不多,到港游客因时间原因,也只能在三亚市区内的景区(如凤凰岭、鹿回头等)进行观光游览,到港游客如果要去南山文化旅游区等比较偏远但具有特色的文化景区游览,花费的时间较长。因此,凤凰岛国际邮轮港需要加强与各大景区的联系,与它们建立良好的合作关系。

2.4　地区经济发展水平

2015年,三亚市国内生产总值(GDP)为435.02亿元,按可比价格计算,比上年增长8.1%。其中,第一产业增加值为59.66亿元,增长5.4%;第二产业增加值为89.53亿元,增长6.5%;第三产业增加值为285.83亿元,增长9.2%。按常住人口计算,2015年,三亚人均GDP为58 361元,比上年增长6.9%。三个产业结构比例为13.7∶20.6∶65.7,第三产业拉动经济增长6.0%,对经济增长的贡献为73.8%。从历史经验看,当区域内人均GDP达到8 000~10 000美元时,该区域邮轮市场将得到初步发展。从上述数据可以看出,2015年,三亚人均GDP达9 414美元,足以满足邮轮市场初步发展的条件。

2.5　港口接待相关人才

邮轮产业不仅是一个新兴的产业,更是一个产业链条长、复合程度较高的产业,涉及船舶设计与制造、旅游、航海、语言、法律、医疗等多个专业。国内邮轮产业的发展尚处在起步阶段,未来的发展将对一般类型的服务型人才以及具备多专业知识的复合型人才产生巨大的市场需求。目前,海南省内仅有三亚学院、海南科技职业大学、三亚理工职业学院三所院校设有邮轮管理相关专业。海南在邮轮相关专业人才的培养上虽然起步早,但是相对于国内其他省市,则显得底子薄、基础差,邮轮相关专业社会知名度不高,高层次的人才培养仍是空白。此外,邮轮相关专业学生毕业后从事邮轮相关行业的比例并不高。

3 三亚凤凰岛国际邮轮港竞争力提升策略

3.1 开发以三亚为母港的航线

(1)省内航线(特色环游海南岛航线)

Day1:三亚—海口(东环),9:00 登船,10:00 逃生急救安全演练,11:00—19:00 自由活动,19:00 船长晚宴,20:30 自由活动;Day2:海口—三亚(西环),12:00 离港,12:00 点前游客可选择在船上或海口市区自由活动,也可美美地睡个懒觉,20:00 抵达三亚港,期间游客可以欣赏壮丽的海上日落和三亚湾夜景。

(2)东南亚航线

"新马泰"旅游大受国人欢迎,却少有由国内出发到达这三国的邮轮航线,根据市场需求,可开通"三亚—越南芽庄—泰国苏梅岛—新加坡—三亚"的五天四晚航线。Day1:15:00 在三亚凤凰岛国际邮轮港登船,18:00 逃生急救安全演练,19:00 船长晚宴,20:30 自由活动;Day2:8:00 抵达越南芽庄,20:00 离港;Day3:9:00 抵达泰国苏梅岛,20:00 离港;Day4:8:00 抵达新加坡,21:00 离港;Day5:海上巡游,15:00 抵达三亚凤凰岛国际邮轮港,游客可选择返程或继续留在三亚游玩。

(3)现有航线(三亚—西沙—三亚)

三亚现有的固定邮轮航线只涉及每星期前往西沙群岛的"北部湾之星号"邮轮和在 2016 年 12 月启航的"南海之梦号"邮轮。西沙群岛的永兴岛是三沙市政府驻地,岛上生活设施设备齐全。三沙市拥有非常丰富的海洋旅游资源,希望国家在开发利用三沙市旅游资源的同时,加快对三沙旅游的开放,使政策变得透明,则更多的游客将会选择从三亚登船前往西沙,从而提高三亚凤凰岛国际邮轮港的竞争力。

3.2 开发岸上观光线路

①礼佛文化线路:南山文化旅游区游览;②历史人文线路:三亚千古情景区,观看大型演出,了解三亚历史人文;③黎苗文化线路:槟榔谷文化旅游区游览;④雨林文化线路:呀诺达雨林文化旅游区游览。

过夜邮轮游客可以任意结合以上游览线路进行岸上观光,夜晚可住在三亚各大酒店或者返回邮轮居住。

3.3 完善港口配套设施

建议三亚凤凰岛国际邮轮港从满足游客的商务、休闲、旅游、岸上观光、邮轮旅游、酒店餐饮、高端和特色化商业服务、金融交通服务需求入手,配套建设一批星级酒店、主题餐厅、大型娱乐场所、购物中心、一站式金融服务中心和车辆出租中心等设施,在为邮轮旅客提供便捷服务的同时,推动邮轮服务产业的联动式发展。

3.4 加大邮轮旅游产品宣传和市场培育力度

三亚在对邮轮文化内涵和服务进行推广时,应首先建立一个开放的融资平台并丰富融资渠道,由政府、企业和邮轮公司共同成立邮轮营销基金。由旅游部门牵头,定期举办活动积极进行国际营销,推介三亚邮轮文化和相关产业,并通过电视荧幕树立邮轮旅游形象和传播文化内涵,以增强社会认知度,同时借助信息网络促进邮轮产业营销。

3.5 积极引进人才,完善人才培养机制

海南省是全国较早把“国际邮轮乘务专业”纳入教育部核定招生的《中国普通高等学校高职高专教育指导性专业目录》的省份,并拥有较好的海洋经济教育资源和实践平台。三亚可以鼓励国际邮轮公司、境外培训机构与本省高校开展“产学研”合作,签订合作协议,采取直接培养、培训提高等方式开设邮轮相关专业,吸引境外邮轮公司高管、技术研发、邮轮经纪、邮轮保险、邮轮金融、海事仲裁等专业人员来三亚授课和开展相关技术工作。

4　结论

邮轮经济作为新的经济增长点，将极大地带动邮轮母港旅游产业的大发展。本文通过对三亚凤凰岛国际邮轮港的现状进行分析，提出加强自身接待设施建设、邮轮旅游配套设施建设、岸上观光资源开发、邮轮人力资源培育等措施，为提升三亚凤凰岛国际邮轮港竞争力提供保障。

参考文献

[1]　朱乐群. 基于因子分析的我国邮轮港口旅游竞争力评价研究[J]. 淮海工学院学报(社会科学版)，2010，8(9)：40－42.

[2]　于得全. 大连邮轮母港竞争力研究[D]. 大连：大连海事大学，2008.

[3]　曾启鸿，缪明聪，袁书琪. 国际邮轮母港建设评价指标体系研究[J]. 吉林师范大学学报(自然科学版)，2012，33(4)：65－68.

[4]　王晓红. 大连港和天津港发展邮轮经济竞争力评价研究[D]. 大连：大连海事大学，2012.

构建我国游艇产业链保险体系的若干思考

戴为卿

摘要：游艇产业进入我国后，越来越多的人开始转变观念，尝试游艇休闲生活方式，游艇产业链也在初步形成与发展。游艇产业链在形成和发展中若要更好地应对可能面临的风险，就离不开游艇产业链保险的支持。本文旨在通过分析我国游艇产业保险的发展现状、存在的问题，探讨我国构建游艇产业链保险体系的可能性，进而提出发展我国游艇产业链保险的建议。

关键词：游艇；游艇产业链；游艇保险

相关游艇行业报告显示，2014 年，我国游艇制造业产出规模接近 80 亿元，各类游艇拥有量合计约为 16 000 艘。游艇产业进入我国发展至今，我国游艇消费完成了从无到有的跨越，实现了以游艇加工制造业为先导到游艇制造与游艇消费全产业链并举的转变。以海南省为例，2015 年在海南省注册的游艇制造企业达到 8 家；游艇销售及服务企业达到 146 家；游艇俱乐部（游艇会）达到 39 家；游艇相关专业培训机构有 3 家；已建成并运营的游艇码头有 12 个，泊位有 1 658 个；在建（拟建）码头有 13 个，泊位约有 1 985 个；全省游艇拥有量为 1 000 余艘；2014 年海南省游艇出入境 97 艘次。

1　游艇产业链保险发展现状

1.1　游艇产业链概述

游艇产业链是以分工协作为基础、以游艇相关产业为联系纽带、以游艇企业为主体的链网状产业组织系统。它是融合生产制造业和商贸服务业的产业群。一条较完整的游艇产业链涵盖上游产业，包括游艇设计、游艇技术研究、游艇制造产业、游艇装配工业；中游（核心）产业，包括游艇配套设备（如专用发动机、专业仪器仪表、帆具、安全设备等附件），游艇的销售产业（如游艇销售

公司、游艇展商、游艇网站、游艇信息服务、二手游艇经营等），消费服务产业，包括游艇俱乐部、游艇驾照培训和考核、游艇保养维护、游艇租赁等；下游产业，包括游艇运输、报关及仓储服务、专业保险、水上运动装备等支持服务类产业。

1.2　我国游艇产业保险发展现状

我国经济的不断发展带动了游艇业的快速发展，我国逐渐成为全球游艇经济新兴地区，游艇产业链各个环节的相关产业经济也在不断发展，然而游艇保险业的发展步伐却跟不上游艇行业整体前进的步伐。

中国游艇保险市场从发展之初至今，已有了一定的规模，国内几家较大的保险公司（如中国人民财产保险股份有限公司、中国平安保险股份有限公司、中国太平洋保险股份有限公司等）都有成功赔付的案例。就中国太平洋保险股份有限公司（简称太保）而言，关于游艇保险的第一个成功索赔案例是在2008年，太保承保厦门一艘AZIMUT62豪华游艇，由于该游艇发生船体刮擦，属于太保承保范围之内，因而太保按照双方签订的游艇保险合同赔付8 000元人民币给投保人。

1.3　游艇产业保险的作用

游艇价格从几十万元至几千万元不等，高价值意味着高风险。一条完整的游艇产业链的各个环节可能会面临多样的风险，如上游的制造产业中，游艇可能会在建造期遭遇自然灾害或人为原因的损毁；游艇在停靠和经营中都有可能遭遇意外造成游艇损伤，甚至造成第三方人身伤亡或财物损失；游艇码头也有可能发生人员落水溺亡等事故。这些不仅会造成巨大的财产损失，还可能会产生法律纠纷。2014年，由于强台风“威马逊”的肆虐，海南部分游艇码头遭受重创，当时停靠在码头的受灾游艇大多数未投保游艇保险而导致其严重财产损失无法弥补，未投保游艇保险的游艇因遭受火灾、爆炸、偷窃而产生的损失也只能自行承担。投保游艇保险就可以适当地转嫁风险，充分体现损害赔偿原则在实践中的运用。

2　当前游艇产业保险发展面临的问题

2.1　仍未制定专业的游艇产业保险条款

游艇自身的特殊性导致游艇产业保险出现专业难度大、保费过高、投保率较低等现象。目前在我国,制定游艇保险主要参考《英国伦敦保险协会游艇保险条款》(以下简称《协会游艇保险条款》)和我国的《沿海、内河船舶保险条款》。国外规模较大的外资保险公司基本都是根据《协会游艇保险条款》进行承保,国内的保险公司也是在其基础上进行部分改动来承保。该条款主要对游艇大小、使用年限、用途、航线、发动机及母港的风险敞口等因素进行综合考量,除了对各类普遍风险进行承保外,还制订出涉及船上艺术品、医疗保障等多方面需求的保险产品,是较为专业的游艇保险条款。但纵观我国国内游艇消费市场可以看出,该条款中规定的保费对我国游艇保险市场而言较为高昂,我国游艇产业链还处于发展的初级阶段,该条款并不适合我国的现状,国外游艇市场和游艇产业链发展模式都已较为成熟,该条款可以为国外游艇保险提供重要支撑和保障。

再就我国《沿海、内河船舶保险条款》而言,其本身并不是专业的游艇保险条款,其承保的是在我国境内水域、依照我国相关法律法规和主管部门规章进行合法登记注册、从事合法营运或作业航行的船舶,包括海船、河船和其他可视为船舶的水上移动或浮动装置。而根据我国于 2009 年开始施行的《游艇安全管理规定》,游艇是指仅限于游艇所有人自身用于游览观光、休闲娱乐等活动的具备机械推进动力装置的船舶。由此可见,游艇保险并不能简单适用该条款。

2.2　法律、政策支持力度不够

在一些发达国家或地区,相关管理部门强制船东在购买游艇时需购买保险来保障船东或第三方的权益。而在我国,相关的海事部门或港口当局并不强制游艇购买保险。

此外,游艇必须在中国船级社和海事局办理所有权证、船舶检验合格证、国籍证,并且提供游艇的设计图纸资料等才能进行检验、登记,而只有登记过的游艇才能购买保险。有些从国外购买的游艇因为不能提供详细的设计图纸

而无法按照规定进行登记，最终致使保险公司由于投保方投保资料不全而未敢承保。对于这些规定造成的问题，相关部门正在尝试通过制定一些新规定来改变。例如，2016 年实施的《海南省游艇管理办法》(2010 年实施的《海南省游艇管理试行办法》同时废止)出台后对检验和登记必须提供设计图纸的限制进行了宽松化处理，规定未持有国家认可的标志和证书的游艇在检验时可以不提供图纸资料；对登记注册的限制也进行了放宽，规定居住地不在海南的游艇所有人，可以在海南办理游艇登记。但在实践中，仍然存在一些与法规相抵触的问题需要解决。

2.3 船东缺乏投保意识

除了法规制度方面的缺陷和政府支持力度的不足，我国游艇保险市场发展缓慢的原因还包括船东的投保意识较为薄弱且存在侥幸心理。中国游艇行业中的绝大部分游艇会和游艇船东都没有购买保险，因为就目前我国游艇市场的情况来看，大部分游艇的购买者为大公司，多用于商务应酬，少部分购买者为收入较高的富豪或私营企业主。我国游艇经济正处在从奢侈品消费到大众消费转型的发展阶段。游艇作为一种休闲娱乐工具，平时的利用率较低，因此大多数船东会抱着侥幸心理而拒昂贵的保险于门外。这样一旦游艇在使用中遭受损失，船东就会面临巨额的修理费用和赔偿费用，若出现不幸造成第三方人身伤亡或财产损失，则必然会产生更为巨额的赔偿费用。

3 构建游艇产业链保险的建议

3.1 制定专业的游艇保险条款

(1)借鉴《协会游艇保险条款》和我国商船保险条款模式

《协会游艇保险条款》的对象为船体及其责任者，主要承保船体本身遭遇事故所致损毁或灭失，以及从事游艇活动发生事故时，船上人员、乘客及第三方的人身伤亡或财物损失。该条款对游艇的责任保险范围较为广泛，对游艇风险的保障较为全面。

中国人民财产保险股份有限公司制定的船舶保险条款(以下简称人保商船险)的保险标的是船舶(包括其船壳、船舶属具和设备等)，分为全损险和一切险。全损险采用列举的形式将承保的风险列明；一切险则在全损险的基础上涵盖了碰撞责任条款、共同海损和救助条款以及施救条款。人保商船险中还制定了除外责任、免赔额、保险期限等条款。

制定我国的游艇保险条款可以借鉴上述两种条款的模式。首先,参照《协会游艇保险条款》将游艇保险分为综合保险和一切险。综合保险承保船舶遭受碰撞、沉没、火灾、盗窃、意外、恶劣天气等造成的损坏以及其他风险等,并在保险中列明一般除外责任,即保险公司在承保全部保险时不予赔偿的情况,如游艇不适航、船东及其代理恶意损坏游艇、游艇的自然损耗、帆被风吹坏、没有在发动机舱位置安装自动灭火系统情况下的船上着火或爆炸等。一切险包括综合保险的所有除外责任以及游艇紧急救助费用、清理残骸费用和法律诉讼费用等条款。其次,制定附加险条款,方便船东结合自身实际使用情况进行选择。最后,制定第三方责任险条款,专门承保对使用被保游艇的第三方在法律上应负的责任,承保金额最高以船的价值、最低以一个合理价值为限。

(2)构建游艇产业链保险模式

构建我国的游艇产业链保险模式可以结合前述游艇的综合保险、一切险、附加险、第三方责任险。在游艇建造期可以制定游艇建造保险条款,主要保障船舶在建造期间的物质损失;针对游艇从船厂运至船东的过程,可以制定游艇运输条款,主要保障游艇在运送过程中发生的物质损失,承保期间为从运送航程启程开始一直延续到游艇到达运输目的地为止;当船东实际控制游艇时,可以制定船壳险,承保船壳和机械、附属小艇及设备、电子和导航设施等;可以制定二手游艇买卖租赁中的相关保险条款;关于游艇维护保养费用的保险条款;游艇停靠在码头或加入游艇俱乐部时涉及的仓储保管等保险条款;还可制定船员保险条款、竞赛风险保险条款、战争险条款等附加险别;根据我国游艇消费模式和游艇的不同类别,针对少数超级游艇设计较为个性的定制条款或特种保险条款。制定完善的游艇保险条款,使其尽可能覆盖一条较为完整的游艇产业链,有利于促进我国游艇产业链的构建和发展。

3.2 加大法律政策支持力度

游艇保险的发展需要政府以及相关法律法规的支持。在我国香港地区,相关政府机构规定,在香港使用访港游艇,游艇必须获得有效的本地牌照或已获允许在香港水域内航行,并且已经投保有效的第三方风险保险,否则在香港使用游艇属于犯罪。我国可以借鉴香港模式,鼓励通过地方立法将游艇保险

中第三方责任险规定为强制保险；鼓励地方通过立法改进关于游艇检验、登记的规定，使游艇入保不再需要烦琐的门槛性规定。相关政府部门可以加强与地方保险公司、游艇俱乐部的合作，结合本地游艇市场情况和未来游艇行业的发展趋势制定妥善可行的地方政策，推动游艇产业链保险的形成和发展。政府提供必要的财政支持或优惠政策也能进一步推动游艇产业链保险的有效运行。

3.3 鼓励船东积极投保

确保游艇保险能够发挥其作用还需要船东积极参与投保。推出游艇保险条款的保险公司可以结合当地游艇俱乐部展开相关宣传，鼓励船东参与投保，并展开市场调查，针对我国国内游艇市场、未来游艇行业的发展趋势和船东意见完善游艇保险条款，充分体现我国的基本国情和方针政策。

保险公司及保险经纪公司也应该结合船东实际情况，适时为船东推荐合理的游艇保险险种。地方游艇俱乐部也可针对投保游艇保险的船东给予适当的会费优惠等。

海南发展南海邮轮旅游航线的优化

戴为卿

摘要:本文通过介绍海南发展南海邮轮旅游航线的现状,分析当前南海邮轮旅游航线发展存在的问题,最终提出优化措施:加强邮轮旅游政策法规保障;利用海南省现有优势与基础,逐步拓展南海新航线,通过加入国际联盟,加强国际合作促进海南发展南海邮轮旅游航线,打通南海的海上丝绸之路。

关键词:邮轮旅游;南海航线;海南;海商法

1　海南发展南海邮轮旅游航线的现状

1.1　海南发展南海邮轮旅游航线的优势条件

(1)地理位置、自然气候优势

海南省位于南海国际航运航线要道上,地理位置十分优越,北以琼州海峡与广东省划界,西邻北部湾与越南相对,东南和南边在南海中与菲律宾、文莱及马来西亚为邻。南海是我国四大海域中面积最大、环境最好、气候最适合邮轮旅游的海域。

(2)政策、港口码头优势

邮轮产业作为我国的新兴产业,从进入中国起就备受重视。近年来我国发布的政策法规更强有力地促进了邮轮产业的发展。国家各相关部门于2009年出台《国务院关于推进海南国际旅游岛建设发展的若干意见》,于2014年出台《交通运输部关于促进我国邮轮运输业持续健康发展的指导意见》,于2015年出台《全国沿海邮轮港口布局规划方案》,旨在促使海南积极发展邮轮产业,建设邮轮母港,推动海南培育邮轮运输市场、拓展港口服务功能、打造邮轮产业链等。此外,海南省积极运用本身享有地方立法权的优势积极颁布相关政策法规(如《海南国际旅游岛建设发展条例》《海南省促进邮轮游艇产业加快发展政策措施》《关于印发海南邮轮产业先行先试试点方案的通知》等），以期推进海南邮轮游艇产业快速发展。由国家旅游局委托中国交通运输协会邮轮游艇分会编制的《中国邮轮旅游发展总体规划》是中国邮轮新兴产业的第一个国家级规划，中国自主建造邮轮是该规划的重要内容。

海南的邮轮码头主要位于海口和三亚，其中已建成的三亚凤凰岛国际邮轮港自通航以来，多家世界知名邮轮公司纷纷与其合作，并开通了数条经停三亚的航线。三亚凤凰岛国际邮轮港预计在 2016 年底全部完工，将成为亚洲最大的国际邮轮母港之一。因此，本文将着重以三亚为邮轮母港，探讨如何拓展南海新航线。

1.2 海南南海邮轮旅游开发的现状

从 2011 年开始，海南邮轮旅游开发了一些以近程航线为主的邮轮旅游产品。我国于 2012 年设立三沙市，出于维护主权等原因，国家有关部门和海南省政府于 2012 年批准"椰香公主号"邮轮从三亚开往西沙，开展南海海上旅游。但因为"椰香公主号"吨位小、船龄大、抗风浪能力差且船上设施较为简陋，短暂的运营期间对南海的邮轮旅游贡献不大，影响力有限，因此，海南省政府决定自 2016 年 3 月起由"北部湾之星号"邮轮替代"椰香公主号"执行西沙航线，开启"三亚—永乐群岛"旅游航线。和"椰香公主号"相比，"北部湾之星号"在邮轮设备设施、载客量、娱乐性及游客乘坐舒适度等方面都更加先进、完善。

1.3 海南发展南海邮轮旅游航线的有利前景

近年来，南海问题的不断升级，使中国与周边国家的争议加剧，海南是保护南海诸岛的后方基地。开辟并发展以三亚为母港的南海航线，加快发展南海旅游开发，是我国用和平的方式宣示南海主权的重要途径之一。2015 年 9 月，三亚在越南、马来西亚、柬埔寨、泰国、新加坡等地宣传邮轮旅游，与东盟多国旅游部门签署邮轮旅游合作协议，开发三亚至越南、新加坡、马来西亚等邮轮航线，带动邮轮经济发展。我们应该在维护我国南海主权上争取主动，以邮轮旅游为纽带，通过加强与南海周边国家交流，加强与南海国家在经济、文化、旅游等方面的互通，扩大中国在东南亚的影响力。

2 当前海南发展南海邮轮旅游航线存在的问题

2.1 南海争端引起的紧张局势

国际社会对南海九段线的性质及法律地位界定不明,中国与南海周边国家存在岛屿岛礁主权和管辖权的争端,加之来自其他国家的政治干预,使中国与南海周边东南亚国家的关系发展受到严重牵制,从而使海南发展南海航线邮轮旅游受到一定影响。譬如,受中越关系影响,近年来"三亚—越南"的母港航线曾多次停航。

2.2 政策法规制定仍然受限

截至2017年,由于造船技术等限制,我国还没有自己的邮轮,因此我国的境内外邮轮旅游都是依靠国外的豪华邮轮来实现的。此外,根据《中华人民共和国海商法》(以下简称《海商法》)和《中华人民共和国国际海运条例》的规定,境外大型豪华邮轮进入我国需要得到交通运输部的批准。这直接影响"三亚—西沙"航线的发展,使海南发展南海旅游遭遇阻碍。缺少专门的邮轮旅游法规也是制约海南拓展南海新航线的原因之一。我国现有《海商法》的规定明显不适用于实际中的邮轮旅游相关问题。

2.3 邮轮航线单一,对旅客吸引力不足

由近几年开发海南南海邮轮旅游航线的情况可以看出,当前海南邮轮产业在特色产品设计等领域还存在许多不足,主要表现为邮轮航线单一。和国内其他邮轮旅游航线(如航行至东南亚、东北亚、环球中长程航线)相比,海南开发的至越南(岘港、下龙湾及顺化等地)的航线以及三亚聚航邮轮发展有限公司计划开辟的三亚至西沙、海南环岛、三亚近海单一海域、三亚至香港、三亚至越南和东南沿海游等以近程为主的旅游航线,难以满足多样化的消费需求。

3 海南发展南海邮轮旅游航线的优化措施

3.1 加强政策法规保障

由于国际社会对南海问题的争议一直存在,因此海南邮轮旅游在拓展南

海航线上有一定的难度。只有加强与南海周边国家的友好合作,才能为海南发展南海邮轮旅游航线提供良好的发展环境。

第一,和平解决南海争端,加强与南海周边国家在其他领域中的合作。当前,应该研究如何进一步加强中国与东盟国家在海洋低敏感领域(海洋文化、海洋旅游、海洋经济、海洋合作开发、海洋环境保护等方面)的合作并尽早实施。中国和东盟国家通过加强经济文化交流,也可以缓和南海问题的争议。

第二,谈判磋商,合理提出解决争端方案。为进一步管控南海问题争议,如何使南海周边国家在找到解决方案之前暂时搁置争议部分的主权和管辖权,再积极合作制订具有法律拘束力的南海行为准则,以此消除《南海各方行为宣言》存在的缺陷,也是相关国家应该继续重视的问题。

第三,完善邮轮产业相关立法。发展邮轮产业需要解决外籍邮轮在我国港口挂靠的问题,通关便利化问题,涉及邮轮旅客权益保护及争议的法律适用问题,本土邮轮产业发展滞后问题,邮轮母港建设规划、政策与法规等问题。然而在现阶段,制定一部专门的邮轮旅游法规难度较大,因此,越来越多的专家学者呼吁可以通过修订《海商法》来弥补这一立法缺陷,如可以结合《中国邮轮旅游发展总体规划》在《海商法》中新增一章内容专门解决邮轮旅游涉及的法律关系问题。新增内容可以包括邮轮旅游合同的定义、相关用语的含义、赔偿损害规定、承运人法律责任、境外邮轮挂靠我国港口规定、邮轮码头设立及管理规定、邮轮突发问题解决机制、邮轮保险规定、买卖邮轮的规定等。

第四,加强地方政府与企业的合作。海南享有地方立法权,可以出台一系列鼓励发展邮轮旅游的政策、法规,营造邮轮旅游发展的良好法治环境。海南政府应该和当地企业构建互利共赢的发展模式。一方面,政府应结合邮轮旅游行业发展的实际情况制定相应政策和规定,对应该认真对待的事项必须严格规定,对应该宽松对待的事项则适当放松,形成“收放自如”的管理模式,有效促进邮轮旅游业的发展;另一方面,企业应该严格遵守相关政策及法律法规,并将实际运营的状况及时汇报给相关管理部门,促进政策的完善和改进。譬如,海南省可以结合当前邮轮旅游业的发展状况及趋势,率先制定相关政策,为拓展南海航线提供良好的机遇。政企合作将有利于推进邮轮旅游业的法治发展,从而为打通南海的海上丝绸之路提供有力的支撑。

3.2 利用现有优势与基础拓展南海航线

第一,完善三沙旅游航线。三沙独特的地理位置使其邮轮旅游发展深刻关系到我国邮轮旅游的全面发展,具有重要的战略意义。三沙市政府所在地永兴岛正在兴建娱乐休闲设施,目前已开发了一些岛屿(如全富岛、鸭公岛和银屿岛等)供旅客旅游,当前应该在之前开发的基础上继续完善,打造优质的三沙邮轮旅游航线。

第二,加强与东盟国家的合作,拓展南海航线。基于与东南亚国家地缘相连的优势,海南与东盟多国旅游部门签署邮轮旅游合作协议,可以为海南开展邮轮旅游合作奠定人文基础。一些邮轮行业内专家提出开通“三亚—南海诸岛—文莱—东马来西亚”邮轮旅游航线。然而,新航线的开辟需要充足的实地调研,包括港口、码头、航道和助航设施建设与运营、当地旅游开发状况等方面,前期大量的资金投入等也需要国家和海南地方层面的大力支持。此外,为了吸引全球邮轮公司开通海南航线,海南可以通过加入国际联盟来加强国际合作,使邮轮旅游与港口腹地的旅游业融合发展,同时促进邮轮旅客通关便利化,邮轮港口服务和旅游服务国际标准化。

三亚邮轮经济发展的SWOT分析

鲍富元 赵 芸

摘要:开发邮轮旅游是海南建设国际旅游岛的重要举措和特色活动,三亚作为天然的邮轮港口具备发展邮轮旅游的综合条件。邮轮旅游带动的邮轮经济对三亚经济发展起着巨大的推动作用。目前三亚邮轮经济发展依然面临着软、硬件因素的制约。因此,本文通过对三亚邮轮经济发展所处内、外部环境的SWOT分析,结合三亚自身条件,尝试探索适合三亚发展邮轮经济的新举措。

关键词:三亚;邮轮经济;SWOT分析

1 引言

邮轮旅游自20世纪60年代后期发展至今,一直是国际旅游业中增长幅度最大的一项业务。由邮轮旅游拉动而发展起来的邮轮经济,对当地乃至周边地区、整个国家都可能会产生深远的影响。邮轮经济是由邮轮产业的运行及发展而推动和拉动相关产业的发展,形成多产业共同发展的经济现象。广义的邮轮经济包括邮轮制造及相关产业、邮轮产业、邮轮码头区域的相关产业;狭义的邮轮经济是指邮轮抵达之前、抵达、停靠、离开码头所引发的一系列产品与服务的交易。本文所研究的邮轮经济是狭义邮轮经济。

三亚拥有优越的地理位置、优良的港口条件、丰富的旅游资源、便利的交通等,适宜发展邮轮产业。2006年,三亚凤凰岛国际邮轮专用码头竣工,邮轮试航成功,三亚邮轮经济发展进入快车道。但同时,三亚邮轮经济面临着一些发展瓶颈。综合研究三亚邮轮经济的优势、劣势、机遇和威胁,能为更好、更快地推动三亚邮轮经济发展开辟新的思路。

2 三亚发展邮轮经济的 SWOT 分析

2.1 优势

(1)得天独厚的区位优势

在地理区位方面,海南是中国疆域最南端省份,紧邻珠江三角洲和港澳台经济发达地区,既有广大的内陆腹地,又能受到华南经济圈的辐射。从旅游版图上看,三亚几乎位于中国最南端,北上可以通达中国香港、中国台湾、日本、韩国,南达南海、东南亚及印度洋,是远航南海及印度洋的必经之路,是国际环球邮轮在东南亚的交通中转站及航运补给点,拥有开发邮轮旅游航线的良好条件,占据十分优越的战略地理位置,在发展邮轮经济方面有着独特的地理优势。

(2) 丰富的旅游资源,富有特色的旅游产品

海南是我国唯一的热带省份,阳光、沙滩、海水、森林和空气等度假旅游要素俱全。其 3.5 万平方千米的陆地范围内聚集了我国所有旅游资源主类,96.8% 的亚类,87.1% 的基本类型,旅游资源的丰度之高、类型之全,在国内实属罕见。海南有漫长的海岸线、几百座岛屿、68 个海湾,还有独特的珊瑚礁和红树林。海南地热温泉品种多、水质优,极具疗养价值。在民俗风情资源方面,海南的黎、苗族等文化丰富而独特。同时,海南建成了亚龙湾国家度假旅游区、南山文化旅游区等一批特色鲜明、内涵丰富、档次较高的精品旅游景区和度假区,还成功举办了世界小姐总决赛、海南岛欢乐节等国际、国内大型旅游节庆活动。这些都增强了海南旅游产品的吸引力。

(3) 优越的港口设施

三亚凤凰岛国际邮轮港现已投入并运营,已建成 10 万吨级邮轮码头,码头泊位长 370 米,码头平台长 130 米、宽 12 米,码头平台高出海平面 4 米。投入使用的还有一栋近万平方米、设有 16 个边检通道的现代化客运联检楼,以及与码头配套的供水、供电、消防系统和大型停车场等设施,可一次性接待 3 000名游客出入境,年接待游客量可达 30 万人次。此外,配套建设的还有国际会议中心、国际养生度假中心、国际游艇会、水主题公园、风情商业街等。项目建成后,三亚凤凰岛国际邮轮港将成为我国面向中国沿海地区、日本、韩国、俄罗斯和东南亚地区以及世界各地的国际邮轮始发中心。

2.2 劣势

(1)邮轮产业发展起步较晚

三亚发展邮轮经济起步较晚,相关产业发展比较滞后。20 世纪 80 年代已有邮轮造访三亚,但当时缺少邮轮码头,邮轮只能停泊在外海锚地,靠驳船接送旅客上岸旅游。建成的三亚凤凰岛国际邮轮港已于 2006 年投入使用并运营良好,但相关的软环境建设滞后。例如,与邮轮旅游消费相配套的服务体系和设施不够完善;邮轮票务销售、船舶代理等业务方面的法律体系建立刚刚起步;通关环境有待改进;与其他产业(如餐饮、购物、酒店等)的协调度较低;不能为邮轮提供足够的补给、处置废品和维护等配套服务。

(2)缺乏邮轮相关人才

邮轮经济具有综合性特征,由航海、康乐、餐饮、海关、法律、通信、医疗等众多部门组成,需要相关的专业人士来组织管理、协调运作。这要求邮轮的管理者既是通才又是专才,然而这样的人才在我国极少。近年来,陆续有高校开设新兴的旅游专业课程,但邮轮旅游课程的开设偏少,导致我国邮轮产业的专业人才稀缺。而且,国内邮轮码头的发展时间较短,缺乏熟悉国际邮轮码头经营管理、国际航运、口岸管理等知识的国际管理人才。

(3)国内游客的邮轮旅游需求不高

邮轮旅游对大多数国内游客来说还是个比较陌生的概念。歌诗达邮轮公司发布的数据显示,亚洲市场在全球邮轮市场中所占的份额仅为 5%,中国邮轮市场所占的份额则更少。邮轮旅游作为一种新兴的休闲娱乐的消费方式尚未被大众普遍接受,国内游客的邮轮消费理念还未形成。此外,邮轮旅游作为一项休闲产业,需要经济实力作为基础。尽管我国高收入人群比例逐年增加,但对于一次航游费用从几千元到上万元不等的邮轮旅游,有能力参与者仍十分有限。

(4)旅行社推广力度不足

国外的邮轮公司一般采用直销方式,而国内多数邮轮线路由旅行社代销,但旅行社往往缺乏相关专业人员。邮轮旅游产品的特点是地域广,线路多,产品涉及不同邮轮型号,且每条船上的设施和餐食不尽相同,因此对旅行社工作人员要求比较高。国内旅行社存在夸大邮轮大小而忽略服务品质的问题,或者推行低价策略,重视对路线的介绍而忽略对邮轮设施和活动的推荐,无法让消费者体会到邮轮旅游的精华。

2.3 机遇

(1)国际邮轮公司积极开拓三亚市场

世界三大邮轮公司都看好三亚邮轮经济,嘉年华邮轮公司的“歌诗达号”、皇家加勒比公司的“海洋迎风号”、丽星邮轮公司的“天秤星号”先后首航三亚,开通航线,为三亚带来了大量的国际高端游客。2009 年,三亚共接待 132 航次国际豪华邮轮,接待游客逾 30 万人次,同比增长 6 倍以上,在邮轮停靠航次和出入境游客量方面超越上海、天津等地,跃居内地第一。

(2)政府高度重视,出台邮轮新政

作为经济增长的新方式、新领域,邮轮产业越来越为国家所重视。2008 年,国家发展改革委印发了《国家发展改革委关于促进我国邮轮经济发展的指导意见》;2009 年,国务院常务会议首次提出“促进和规范邮轮产业发展”;2009 年 11 月在三亚举办的中国邮轮产业大会上,交通运输部宣布,外籍邮轮在我国境内可以实现多港挂靠;公安部发布方便中外邮轮游客出入境边防检查的四项新措施;海关总署宣布,将通过制定政策、法规明确海关对邮轮监管的具体模式、操作程序和要求,简化通关手续。随着国际旅游岛建设的推进,国家还将赋予海南更加开放、便利的配套政策,这必将会为邮轮经济发展提供有力的支撑。

(3)亚洲邮轮市场崛起

邮轮旅游作为国际旅游市场中增长速度快、发展潜力大的高端旅游产品,近年来一直保持着年均增长率为 8% ~9% 的高速增长,远远超过了国际旅游业的整体增长速度。在欧美邮轮旅游市场已经趋于饱和的态势下,邮轮旅游热潮向亚洲市场发展是必然的趋势,亚洲其他国家和中国市场将成为邮轮产业的新增长点。近年来,国际市场中许多大型邮轮公司纷纷进军亚洲其他国家和中国市场。据 WTO 预计,亚洲地区将是未来邮轮旅游产业发展最快的地区,预计可产生 10 亿 ~15 亿美元的消费金额,每年的邮轮游客至少可达 100 万人。我国海岸线长达 1.8 万多千米,邮轮旅游发展空间巨大,被国际大型邮轮公司普遍看好。

2.4 威胁

(1)周边港口城市的竞争

截至2011年,我国沿海已有天津、上海、厦门、香港和三亚五个城市建成了设施较为齐全的邮轮港口。

天津国际邮轮母港是我国北方第一个国际邮轮母港。其总建筑面积为160万平方米,初期开发面积为70万平方米。一期建成投产的码头岸线长625米,水深-11.5米,可以同时停泊两艘大型邮轮,包括22万吨级邮轮在内的各种船型邮轮;客运大厦可同时为4 000人提供出入境通关服务,年设计旅客通过量达50万人次。预计到2015年,该港将接待国际邮轮100艘次,邮轮旅客将达25万~30万人次。

上海北外滩国际客运中心总建造面积为31万平方米,可同时停靠3艘8万吨级邮轮或2艘10万吨级邮轮或4艘3万吨级邮轮。吴淞口国际邮轮码头岸线总长1 500米,2个大型国际邮轮泊位可同时靠泊1艘10万吨级邮轮和1艘20万吨级邮轮。二期工程计划增建2个码头,有望于2012年后建成。届时,上海靠泊邮轮的专业码头将增至8个,与北外滩国际客运中心功能互补、错位发展,共同打造上海国际邮轮母港。

厦门国际邮轮中心包括客运码头和联检大楼。其主体码头可停靠14万吨级的大型邮轮,兼靠3万吨级集装箱货轮,另有2个3 000吨级客运泊位和2个工作船泊位。厦门国际邮轮中心按年旅客吞吐量150万人次和高峰旅客到达量3 000人要求的国际客运站标准设计,主要为大型邮轮的停靠和"厦门—金门"航线提供服务,其客运联检大楼可提供出入境"一条龙"服务。

香港的邮轮码头最高排水量为5万吨,可以同时停泊2艘大型邮轮或4艘小型邮轮。2009年,香港的邮轮旅客为60万人次,香港特区政府投资改建新的邮轮码头,首个泊位预计在2013年投入服务。届时,新邮轮码头与海运码头将有4个可停靠世界最大邮轮及不同级别邮轮的泊位。

(2)亚洲其他区域的竞争

虽然亚洲邮轮市场份额在全球邮轮市场中占比偏低,但很多国家或地区发展邮轮经济比中国起步早,比中国更有经验。亚洲邮轮市场主要分为两个区域:远东区域和东南亚地区。远东区域有韩国和日本的竞争,东南亚地区则有新加坡和马来西亚的竞争。以新加坡为例,新加坡邮轮发展在亚洲地区处于领先地位,其母港年接待国内外游客达800万人次,年平均增长率为10%～15%,被世界邮轮组织誉为“全球最有效率的邮轮码头经营者”。

由此可见,三亚发展国际邮轮经济的主要威胁来自国内同行业的竞争以及亚洲区域的竞争,包括天津、上海、厦门、香港和新加坡等。

3 三亚发展邮轮经济的对策

3.1 加大邮轮旅游宣传,培育邮轮消费市场

相关部门应加大对邮轮旅游的宣传力度,让广大消费者认识邮轮旅游,消除陌生感,培育我国邮轮旅游市场,积极吸引、组织更多的国内游客参与进来。此外,应适时推出独具特色的精品航线以吸引大众。宣传中,相关政府部门的参与十分重要:一方面可加大影响力度:另一方面可增加游客的信任感。邮轮旅游属于休闲型旅游活动,在宣传中引导游客深入理解其文化内涵也十分重要。

3.2 实施人才储备战略,培养、引进专业人才

我国邮轮经济刚刚起步,邮轮专业人才十分匮乏,必须采取“请进来”“走出去”等办法储备人才。在起步阶段,应加强对邮轮专业人才的培养,特别是邮轮码头服务、邮轮旅游服务和邮轮市场营销等方面专业人才的培养,也可以引进国外邮轮高级管理人才。同时,应健全本土培训和教育体制:在相关高校和培训机构开设邮轮管理专业培训课程;邮轮企业也可与高校、政府联合,以政府为主导,以高校为基地,由企业提供资金支持,共同培养、培训专业人才,积极创造条件,选拔有能力、高素质的人才到邮轮经济发达国家学习、深造。

3.3 重视邮轮港口软、硬件建设,提升服务质量

首先,三亚邮轮码头仍需完善停泊设施,依靠港口周边资源改善购物、餐饮、住宿、船舶维修及其他设施的相关条件。其次,应尽快制定、完善邮轮旅游发展的相关法规,建立区域间有效的协调机制,改进通关制度,运用现代化技术简化通关手续,缩短通关时间,提高效率和游客的满意度。此外,邮轮码头自身的服务水平和质量至关重要,可在客运联检大楼中营造舒适的环境,配备完善的医疗、救护设施,建立应对突发事件的有效机制。

3.4 加强区域合作,共同发展邮轮经济

邮轮经济是规模经济,必须依托周边地区资源,共同开发邮轮旅游市场。三亚应加强国内区域合作,对国内各区域旅游资源进行整合,分别以天津、上海、厦门、三亚为邮轮母港,辐射各自周边区域市场,形成邮轮经济的协调发展,避免重复建设和开发。三亚还应加强与港澳台和东南亚地区的合作。港澳台和东南亚地区是国际著名旅游目的地,而且邮轮经济发展比较早,积累了丰富的发展邮轮经济的经验,加强与这些地区的合作将有利于三亚步入发展邮轮经济的快车道。

3.5 推动邮轮经济产业链建设和发展

邮轮经济的快速、持续发展与其成熟的产业链密不可分。邮轮公司要与邮轮停靠地的旅游景点合作,旅游、观光、购物、餐饮等一系列服务要提供齐全,使游客能切实享受到实惠。所以,三亚旅游经济的六要素——吃、住、行、游、购、娱——要均衡配套发展,为邮轮经济提供坚实的产业支持。

3.6 积极开发针对不同游客需求的邮轮旅游产品

针对国内游客连续性闲暇时间短、收入与发达国家差距较大等特点,可以适当推出短天数的航线,这样的航线在价格上一般较容易被接受。除了航线设计之外,船上相关服务设施及娱乐活动的安排也要符合游客习惯,如派出专业领队提供中文翻译、中文船员须知、中文菜单等。对于国外游客而言,他们一般具有比较丰富的旅游经验以及特定的消费习惯,所以不但需要翻译流利的接待人员,也需要具备客源国背景知识、尊重游客消费和文化习惯的服务人员。

4 结论

国家政策的支持、各地财政的投入,使得国内许多沿海港口城市纷纷掀起了建设邮轮客运中心的热潮,三亚发展邮轮经济面临着机遇、挑战,且同时具有优势和劣势。三亚应该充分利用各种资源,扬长避短,使宣传推广、人才储备、软硬件建设、产业链延伸、产品开发等层次齐头并进,共同推动三亚邮轮经济的快速发展。

参考文献

[1] 俞斯佳,孙姗.从头认识邮轮经济[J].上海城市规划,2005(2):28-32.

[2] 杨敏,陈娟.中国邮轮旅游市场开发问题及对策探讨[J].现代商贸工业,2009(4):96-97.

[3] 孙亮亮.厦门港发展邮轮经济研究[D].大连:大连海事大学,2008.

[4] 董观志,孟清超,秦浩.中国邮轮经济发展分析[J].商场现代化,2005(8):8-9.

[5] 张锋,林善浪.国际邮轮产业发展现状及趋势分析[J].中国港口,2008(8):25-26.

[6] 崔婷婷.我国邮轮经济发展现状及对策[J].港口经济,2009(6):55-57.

[7] 刘艳.天津邮轮旅游市场开发的 SWOT 分析及对策研究[J].全国商情(理论研究),2010(8):71-72.

[8] 李玉华.上海开发邮轮旅游的 SWOT 分析[J].特区经济,2010(6):47-48.

[9] 王柏玲,李晓蕙,李琳.对当前我国发展邮轮旅游产业的认识和思考[J].中国商贸,2010(10):152-153.

[10] 潘勤奋.我国邮轮经济发展对策[J].综合运输,2007(7):25-27.

[11] 黎章春,丁爽,赖昌贵,等.我国邮轮旅游发展的可行性分析及对策[J].特区经济,2007,224(9):175-177.

[12] 于得全.大连邮轮母港竞争力研究[D].大连:大连海事大学,2008.

[13] 姜秀敏.上海邮轮经济发展的潜力研究[D].上海:上海海事大学,2006.

海南邮轮游艇产业发展中的环境保护问题及其对策研究

——借鉴芬兰邮轮游艇产业

肖纪连

摘要：顺应国家促进旅游投资和消费的政策，海南省近几年关于邮轮游艇产业发展召开了多次会议，也出台了一些法律法规以及规范性文件，但是对邮轮游艇产业发展过程中带来的环境保护问题并没有给予太多关注，以至于这方面的法律法规比较欠缺。为了保护好"国际旅游岛"的蓝天、白云、碧海、沙滩，本文结合全球环境保护的大背景，按照我国"一带一路"倡议的要求，借鉴芬兰在邮轮游艇产业中的环境保护方法、策略，分析得出一些有利于海南省在邮轮游艇产业发展过程中有效保护环境的对策。

关键词：邮轮游艇产业；环境保护；对策

近几年，海南省政府一直在大力发展本省的邮轮游艇产业，以顺应国家《关于进一步促进旅游投资和消费的若干意见》中推进邮轮游艇产业发展的要求，这也是响应"一带一路"倡议以及创建"国际旅游岛"的迫切要求。继 2013 年海南邮轮游艇产业发展峰会在海口召开后，海南邮轮游艇产业发展大会又于 2015 年 10 月 15 日在三亚开幕，这表明了海南省政府大力发展本省邮轮游艇产业的决心。同时，《海南省游艇管理试行办法》已于 2010 年 11 月 1 日第五届海南省人民政府第 57 次常务会议审议通过，并于 2010 年 11 月 22 日印发施行。但是无论是在各大邮轮游艇产业发展大会的研究内容中，还是在《海南省游艇管理试行办法》中，都未见有关邮轮游艇环境保护的详细内容，然而在实践中，邮轮游艇造成的燃料排污、消费垃圾以及燃料泄漏等环境问题亟须解决。

1　邮轮游艇产业的定义

（1）邮轮的原意是在海洋中定线、定期航行的大型客运轮船。"邮"字本身具有交通的含义，而且过去跨洋邮件总是由这种大型快速客轮运载，故此得名。随着航空业的出现和发展，原来的跨洋型邮轮基本上退出了历史舞台。现在所说的邮轮实际上是指在海洋中航行的旅游客轮。

(2)对于游艇的定义，国际上尚未统一，中国交通运输协会邮轮游艇分会给予游艇的定义是：一种健康的、有品位的、可以蓬勃发展的水上休闲和运动产品。《海口市游艇邮轮产业发展规划(2011—2020)》的游艇篇说明书中指出，在本研究中，游艇指的是用于娱乐休闲、游览观光、水上运动、航海、商务接待的营业性及非营业性机动或非机动船艇，包括各类旅游客船，不包括运输用船、军用船舶和渔业船舶。

(3)邮轮游艇产业包含从邮轮游艇制造到投入服务整个过程的产业群，包括邮轮游艇制造、专用码头建设、邮轮游艇俱乐部的建设管理等各项内容。

2 邮轮游艇造成环境污染的主要表现

(1)制造邮轮游艇的材料污染

游艇内豪华的内饰，映衬着高端大气的海上座驾。不过，有些装修材料含有一定的有害物质，这是造成室内空气污染的主要原因。不合格的板材、涂料黏合剂是主要污染物。选料时要检查检测报告上有没有 CMA 章，这是通过国家技术监督部门计量认证的标志，检测单位只有通过计量认证才有资格进行检测，其所出示的报告才有法律效力。截至 2016 年，我国还没有制造过一艘豪华邮轮。在我国邮轮游艇产业飞速发展的今天，制造自己的豪华邮轮游艇已经被各大造船厂提上了日程，当然也被中国政府提上了议事日程。中国工业和信息化部、发展改革委、交通运输部、旅游局、质检总局、民航局等六部委于 2015 年 9 月 28 日联合发布了《关于促进旅游装备制造业发展的实施意见》(以下简称《意见》)。该《意见》提出，应以市场需求为导向，以重点装备为核心，加快推动我国旅游装备制造业发展。《意见》明确了五项重点任务，其中“加快实现邮轮自主设计和建造”为第一重点任务。在此背景下，一些邮轮游艇材料平台应运而生。我们在制造邮轮游艇时一定要尽可能选用环保材料，减少石棉等有毒有害材料的使用，尽量从源头杜绝污染。海南省应当在这方面做出规定，设定市场准入标准，将用料不符合环保标准的邮轮游艇拒之门外。

(2)邮轮游艇造成的噪声污染

邮轮游艇产生的噪声污染主要对乘客和周边居民产生影响。机舱是船舶

动力装置的集中地,主辅机等机器设备发出的噪声连绵不断。在以大型低速柴油机为主机的机舱中,噪声主要是空气噪声;在以中速柴油机为主机的机舱中,噪声由强度相当的空气噪声和结构噪声混合而成;在以高速柴油机为主机的机舱中,噪声主要是结构噪声。不管以哪一种柴油机为主机,邮轮游艇都会产生噪声,对舱内的游客和港口周边居民造成噪声污染。

(3)船外抛弃物造成的固体废物污染

由于当代邮轮游艇主要用于观光旅游以及作为客轮使用,所以会产生很多生活垃圾。游客直接往外抛扔的还是微乎其微,最重要的是很多邮轮游艇没有自己的废物处理系统,游客所产生的垃圾往往直接排向大海,造成了严重的固体废物污染。此外,停靠在母港的邮轮游艇也经常将垃圾直接留在港口。

(4)港口内的环境污染

2015 年 8 月 31 日,交通运输部发布《船舶与港口污染防治专项行动实施方案(2015—2020 年)》,其总体目标是:到 2020 年,船舶与港口污染防治政策法规标准体系进一步完善;船舶与港口大气污染物、水污染物得到有效防控和科学治理,排放强度明显降低;清洁能源得到推广应用;船舶和港口污染防治水平与我国生态文明建设水平、全面建成小康社会目标相适应。邮轮游艇停靠在港口,不仅会因燃烧燃料而产生很多硫化物、氮氧化物以及颗粒物,还会产生很多生活污水和垃圾,造成港口内的大气污染、水污染。港口一旦污染,便会影响整个邮轮游艇产业的形象,非常不利于邮轮游艇产业的发展,所以一定要将港口内的环境保护好。

(5)使用不清洁燃料造成的海洋污染

目前,几乎所有船舶使用的燃料均是柴油。对于船舶用柴油,我国并没有制订详细的标准,导致很多不合格的柴油被使用,从而产生很多硫化物、氮氧化物,造成严重的大气污染和水污染。此外,使用合格的柴油燃料仍然会造成严重的大气污染、水污染。所以,我们需要以清洁能源替代柴油等不清洁燃料。《船舶与港口污染防治专项行动实施方案(2015—2020 年)》明确,2015 年底前,发布《防治船舶污染内河水域环境管理规定(修订)》,配合环境保护部力争出台船舶污染物排放、船舶发动机废气排放标准,配合国家质检总局、国家能源局修订船用燃料油强制性国家标准;2017 年底前,配合环境保护部制订、修订适合我国国情的码头油气排放标准;2020 年底前,出台船舶天然气动力设施改造技术规范,编制船舶污染物排放监测系列技术标准。希望上述标准、规范均会在规定的时间内制订、施行，尽快以天然气等清洁能源替代柴油等不清洁燃料，减少邮轮游艇使用不清洁燃料造成的环境污染。

（6）燃料泄漏造成的海洋污染。

原油污染是海洋生态环境的一大“杀手”。谈起原油污染的源头，多数人想到的是类似“墨西哥漏油事故”或油轮泄漏，然而，它们仅占污染量的8%，更多泄漏来自人们想象不到的方面，如邮轮游艇航行中的燃油泄漏。由于相对密度较小，泄漏的燃油主要漂浮在海面上，形成一层光滑的油膜，经过氧化和分解，最终转化为二氧化碳、甲烷和石墨的中间成分，继而对海水的化学性质产生影响，导致海水中的二氧化碳和有机物含量增高，使得海水中的溶解氧含量下降。同时，细菌在分解燃油的过程中也需要大量氧气，导致海水中的氧气减少，进而影响海洋中动植物的生长繁殖。邮轮游艇在行驶过程中、发生海上交通事故以及意外沉底之后会导致其装载的燃油直接倾入海洋，造成严重的海洋污染，这几乎是造成海洋污染最重要的污染源。加之近些年来，人类的海上活动日益频繁，且一旦发生燃油泄漏，便很难处理。所以，海上燃油泄漏造成的海洋污染已经成了海洋环境保护最棘手的问题。人们到近海城市度假，喜欢驾驶游艇或水上摩托车游玩，殊不知这些娱乐活动无意间便产生了相当一部分漏油污染。人们在驾驶时的操作失误或因缺乏正确的驾驶训练而导致的操作不当等，都可能引发游艇这类交通工具的燃油泄漏。但是，这类泄漏往往不容易被人们察觉。游艇和水上摩托车都属于供娱乐消遣的海上交通工具，并没有专门的雷达跟踪系统，也缺乏正规的引擎维护流程，这种交通工具的燃油泄漏难以被检测到，因此80%的燃油泄漏是无法被监测到的。

3　芬兰邮轮游艇产业在环境保护方面的优点

（1）使用液态天然气等清洁能源

世界最环保轮船“M/S Viking Grace号”以液态天然气为驱动燃料，几乎杜绝了所有硫化物的排放，同时也将一氧化氮的排放量减少到了国际航运组织目前规定水平的80%。与传统柴油驱动引擎相比，该船的颗粒物排放量减少了90%以上，二氧化碳排放量减少了20%～30%。该船由芬兰的图尔库船厂承建，载客量为2 800人。芬兰是一个高度工业化国家，其造纸业、造船业等相当发达，但是其环境仍然保持得很好，一个重要原因就是其使用清洁能源。芬兰是世界上在清洁生产、循环经济方面做得较好的国家之一。芬兰有瓦锡兰集团、图尔库船厂等著名造船企业,其制造的很多邮轮游艇都以液态天然气为燃料,有效地减少了二氧化硫、二氧化碳、颗粒物等污染物的排放,这在芬兰已是一项很成熟的技术。顺应国家"一带一路"倡议,我国在这方面已经与芬兰签署了相关协议。我们可以有效地学习、利用芬兰的这项技术,让我们的邮轮游艇尽快使用天然气等清洁能源,有效减少海洋环境污染。

(2)安装使用噪声吸收系统、废物处理系统

芬兰瓦锡兰集团还为世界最环保轮船"M/S Viking Grace 号"提供了一个可靠的噪声吸收系统,将引擎产生的噪声降到最低,以增加旅客舒适度;同时安装了废物处理系统,自行处理运行中产生的固体废物,有效减少了海洋固体垃圾污染。当然,"M/S Viking Grace 号"以液态天然气为燃料也有效减少了噪声污染。学习、利用芬兰的这些成熟的环保技术,可以有效防止我们在邮轮游艇产业发展过程中造成噪声污染和固体废物污染。这样既能保护好环境,又能给游客带来舒适感受,将会吸引更多游客,从而有利于海南省邮轮游艇产业的发展。

(3)发展循环经济,有效改善港口环境

芬兰被称为"波罗的海的女儿"。作为一个面积比较小的国家,其国内资源很有限,但是其经济却居世界前列,根本原因就是它大力发展循环经济,使其资源利用最大化,实现了"资源—产品—资源"。它的循环经济理论是我们应当学习的,尤其是在邮轮游艇港口管理方面,我们要实现"资源—服务—资源"。我们利用海洋作为港口建设基地,就要保护好这片海洋,保护好港口内的环境,这也有利于我们发展邮轮游艇产业。优美的环境、蔚蓝色的海洋,会吸引越来越多的游客,最终使"国际旅游岛"的称谓名副其实。如果不保护好这片海洋,那么我们的邮轮游艇产业发展将会受到阻碍,最终将使得"国际旅游岛"仅仅是一个口号。

(4)采用环保材料制造邮轮游艇

芬兰人的环保意识已经深入骨髓。VIKING LINE 邮轮公司是芬兰的主要邮轮公司之一, VIKING LINE 早已应用最好的环境保护技术来解决人们日益关心的环境保护问题。近年来,VIKING LINE 积极调整环境保护工作,并根据 ISO 14001 环境管理体系标准建立和完善自己的操作系统,至今已经取得了 ISO 14001 体系的国际认证。芬兰很注重环保材料的使用,甚至飞机的室内装修材料都采用可降解、原生态的实木材料,并且充分利用自然采光,减少照明

灯的使用。芬兰 M1 认证是芬兰专业的环保控制认证，它的核心是把有害物质的排放量控制到最低。M1 由芬兰最大的建筑业信息服务组织（建筑信息基金会）授权成立，是对建材有害物质释放量的分级，涵盖所有建筑材料和产品。M1 认证检测内容主要包括 5 个方面：VOC 排放量、甲醛排放量、氨排放量、一类致癌化合物排放量、气味。所有建材产品按照有害物质排放量的大小，依次被划分为三个级别：M1，M2，M3。其中，M1 为最高级别，对有害物质的排放量要求最为苛刻。在很多邮轮游艇和飞机等的制造中，芬兰都以符合 M1 认证的材料为原材料，有效地降低了原材料对人体及环境的危害。

4 海南邮轮游艇产业发展中针对环境保护问题可采纳的对策

（1）提高技术水平，解决燃料等能源问题。燃料造成的海洋环境污染是邮轮游艇造成环境污染的主要因素，因此我们以环保新能源作为邮轮游艇的燃料，会大大降低邮轮游艇产业发展过程中造成的环境污染。近年来，我国在开发环保新能源方面积极地向芬兰等国家学习，同时与芬兰在节能环保新能源领域大力开展合作。2010 年 3 月，由中国商务部和芬兰外交部共同主办、中国机电产品进出口商会和芬兰贸易协会承办的中芬企业家洽谈会在芬兰贸易协会大厦举行，来自中芬两国的约 200 名企业家进行了洽谈，并在能源环保、电子信息、矿产、交通物流、船用设备、新能源等领域达成一批合作意向。我国是天然气储量较多的国家，有效利用天然气作为各种交通工具的燃料其实早已不是很难的技术问题，之所以到现在都没有很好地推广，主要是政策以及要求不严所致，而且有些现有利益群体妄图阻挠。所以，海南省在发展邮轮游艇产业之初就要制订好这方面的标准，限定市场准入要求，将这一主要环境污染因素扼杀在摇篮里。

（2）提高准入标准，将不符合环保要求的邮轮游艇（如没有使用环保材料的邮轮游艇、使用的燃料不符合标准的邮轮游艇等）拒之门外。在确保全部邮轮游艇都使用清洁能源之前，应先设定邮轮游艇的燃料标准，尽量减少燃料燃烧带来的环境污染。还应设定邮轮游艇内室材料的环保标准，不符合标准的邮轮游艇不得进入市场，从而减少使用不环保材料造成的对人体的危害及对环境的污染。海南省若要大力发展邮轮游艇产业，就要将这些市场准入标准设定好，不能等到环境已经被污染了再去治理，那样不但不利于邮轮游艇产业的发展，也不符合《中华人民共和国环境保护法》的要求。环境保护涉及多学科知识，所以设定这样的标准需要由多方面专家共同完成。在邮轮游艇产业发展之初，这样的市场准入标准可能并不利于该产业的发展，但是从长远来看，这不仅会保护“国际旅游岛”这片净土，而且会因为环保吸引更多游客，有利于邮轮游艇产业的良性发展。

(3)邮轮游艇必须安装废物处理系统和噪声吸收系统，并将其写入邮轮游艇管理方面的规章制度。借鉴芬兰最环保邮轮“M/S Viking Grace 号”的经验，可以要求进入海南省的邮轮游艇必须安装废物处理系统和噪声吸收系统，虽然这会增加邮轮游艇的制造成本，但是邮轮游艇本就是成本比较高的水上交通工具，安装这两个系统并不会使制造商和运营商难以承受。邮轮游艇安装废物处理系统能够有效处理邮轮游艇航行过程中产生的固体废物垃圾，避免将其抛入海洋，既能够保持邮轮游艇内部的环境，又能够保护海洋环境，而且这项技术已很成熟，理当加以运用；邮轮游艇安装噪声吸收系统能够有效减少邮轮游艇在运行过程中产生的噪声，减少对游客及港口周边居民的噪声污染，同时能够增加游客的舒适度，可以吸引更多游客，有利于海南省邮轮游艇产业的发展。所以，海南省应当制订规章制度，将安装废物处理系统和噪声吸收系统作为邮轮游艇的市场准入标准之一。

(4)拟定港口管理规定，加入环境保护内容，责任具体到每一艘邮轮游艇，同时安排专人负责港口内的环境保护。芬兰政府在 1997 年便成立了环保部，同时在各大企业中会有一个高级管理人员专门负责环境保护方面的工作。我们可以借鉴芬兰的做法，在邮轮游艇的制造企业、运营企业和港口管理内部设置主管环境保护工作的高级管理人员，并要求其对政府及游客负责。海南省发展邮轮游艇产业不仅要增加邮轮游艇母港的数量，还要提高邮轮游艇母港的质量，保护好港口内的环境，拟定详细的邮轮游艇母港管理规定，对靠泊母港的邮轮游艇的废水废气的排放、固体废物的处理、噪声污染和内室材料的环保度等拟定详细的标准，并派专人负责这一工作，严格执行相关标准，切实保护好邮轮游艇母港内的环境。

(5)将邮轮游艇环境保护的以上内容纳入立法。目前，海南省和三亚市均有立法权，可以制定适用于全省及三亚市的环境保护法律法规。目前海南省有关邮轮游艇环境保护的法律法规为《海南省游艇管理试行办法》，其中涉及环境保护的主要为以下几项条款。第十三条：游艇供受油应遵守船舶供受油作业的有关规定，落实安全措施，确保供受油设备设施良好可用。第十四条：

游艇不得向水域排放油类物质、生活污水、垃圾、动植物废弃物和有毒有害物质。第十五条:游艇码头和系泊点应当制订有关安全和防治污染的管理制度,按要求配备防治污染设备和器材,并依法经过验收。可以看出,这几条有关环境保护的内容仍然只是在倡导环境保护法的精神,没有具体的保护措施及奖惩措施,更没有具体的执行标准。如果没有具体的标准,空谈环境保护,一切都将是纸上谈兵,因为没有标准就没有执行的依据,就无法将这些条款的内容落实到实践中。同时,要增设奖惩条款。芬兰之所以没有企业敢违法排放污染物,是因为他们违法排放污染物将会受到使其破产的经济惩罚。所以,海南省要设定环境保护方面的奖惩措施,力度要大,使企业不敢违法排放污染物。因此,建议海南省应当增加有关环境保护的具体标准条款、奖惩条款,或者拟定专门适用于邮轮游艇行业的环境保护法律法规。在很多情况下,我们有法律,有法规,但是没有执行的具体标准,或者执法部门不明确,或者奖惩力度不够,这都使得违法的成本很低,不利于环境保护。所以,海南省在发展邮轮游艇产业之初,就要一改以往的不良做法,制定法律法规时将环境保护工作放在首位来考虑,同时要认真贯彻落实。

2014 年,《中华人民共和国环境保护法》通过修订并且施行,除了公益诉讼等内容是修订的亮点以外,它对环境保护与经济发展的关系也做出了调整,从原来的要求环境保护与社会经济发展相协调改为环境保护优先于社会经济发展。《中华人民共和国环境保护法》第五条规定:环境保护坚持保护优先、预防为主、综合治理、公众参与、损害担责的原则。这是环境保护在法律上第一次超越社会经济发展而居于首要地位,可以说这不仅是我国环境保护工作的一大进步,也是环境保护立法史上的一座里程碑。

具体到海南省的邮轮游艇产业发展中,我们不仅要大力发展本省的旅游业,发展邮轮游艇产业,增设邮轮游艇母港,增加邮轮游艇的保有量,使其成为海南省旅游业中的一颗明珠,同时要遵守《中华人民共和国环境保护法》的要求,在邮轮游艇产业发展中将环境保护放在首要位置。这不仅是我国法律的要求,也是海南省创建国际旅游岛的内在要求。保护好我们的蓝天、白云、碧海、沙滩,是建成国际旅游岛的前提和基础。

邮轮母港建设与三亚当地居民的关系研究

张颖超　贺文龙

摘要：邮轮旅游一经推出就以8%～9%的增长速度成为全世界增速最快的旅游产品；邮轮母港的经济收益是停靠港的10～14倍，是发达国家港口城市的必备资源。在邮轮旅游持续快速发展、邮轮母港建设逐渐成为世界港口城市经济重要增长极的背景下，三亚邮轮母港建设工作正式启动。本文通过对三亚邮轮母港的实地考察与社会问卷的收集统计，调查研究了在三亚邮轮母港建设的新形势下，当地居民对邮轮母港的感知与态度。研究发现，三亚邮轮母港建设对当地居民有着很大的积极影响，主要表现在文化生活影响、经济影响、就业影响等方面。此外，通过研究公众的调查问卷还发现，公众对三亚邮轮旅游、邮轮母港的了解并不多，三亚邮轮旅游的宣传仍需加强。

关键词：邮轮旅游；邮轮母港；居民；影响研究

1　引言

国际邮轮企业协会(CLIA)的相关研究表明，自1990年以来，邮轮游客年均增幅约为7.4%，邮轮旅游业成为全球旅游业发展最快的板块。邮轮港口主要有三种类型：母港、停靠港和小码头。其中邮轮母港是邮轮始发港、邮轮的基地，邮轮在母港的停留时间是最长的。与此同时，许多邮轮相关产业也可以随之发展，进而形成一条巨大的经济产业链。邮轮母港能够产生的经济效益是停靠港的10～14倍，发展邮轮母港也是世界众多滨海城市的战略选择。从邮轮产业发展来看，港口城市一旦建设邮轮母港并发展相关产业，就会对所在区域的经济发展产生巨大推动作用，刺激该港口城市经济增长。

随着国际邮轮产业将发展重点慢慢向亚洲市场转移，中国以其独特的文化背景、自然环境以及具有巨大潜力的客源市场，必定将逐渐成为亚洲地区邮轮产业发展的核心地区之一。随着我国公民经济收入水平的提升、消费观念的转变,邮轮产业在中国的发展速度也会大幅提升。

三亚作为中国南部的热带滨海城市,具有与“世界邮轮之都”迈阿密相似的纬度、气候条件和旅游资源。其特殊的气候条件使得人们四季均可登轮游玩。三亚还地处香港和新加坡这两大国际邮轮母港之间,是国际邮轮旅游理想的中转港,是远航南海以及印度洋的必经之地,也是国际环球邮轮在东南亚的交通中转站和航运补给点。从三亚出发不到一小时就能进入国际邮轮主航道,因此三亚建设国际邮轮母港的区位优势非常明显。三亚独特的地理位置使得其海洋资源、水利资源、生态资源都十分丰富。截至2015年,在三亚最大的人工岛(凤凰岛)的西南端,已建成8万吨级的邮轮码头,同时已经开启了凤凰岛邮轮母港二期的建设。

2 三亚邮轮母港概况

三亚邮轮母港现在已经初具规模,三亚凤凰岛国际邮轮港是三亚唯一的一座达8万吨级的邮轮母港,年接待旅客量可达30万人次,联检大厅可一次性接待旅客3 000人次。目前,港口已通过交通运输部港口保安设施安全评估,获得了交通运输部颁发的新《港口设施保安符合证书》,并通过了国际卫生港口的验收,其二期工程计划于2014年4月开工。完工后,三亚凤凰岛国际邮轮母港可接待22.5万吨的“海洋魅力号”,年接待旅客量可达200万人次以上。2006年11月9日,该港口开始试通航接待外国邮轮停靠。截至2013年8月,港口共接待进出港国际邮轮航班704航次,出入境旅客58万人次,为三亚旅游产业开辟了海上通道,引来了境外高端旅客。与码头同时投入使用的还有一栋近万平方米的客运联检大楼以及与码头配套的供水、供电、消防系统和大型停车场等设施。

三亚凤凰岛国际邮轮港接待的邮轮和旅客数量也处于逐渐上升阶段,如表1所示。

由表1中可以看出,自2006年以来,三亚凤凰岛国际邮轮港接待邮轮和游客数量呈快速上升趋势;2012年,接待172艘次邮轮、117 394人次游客;而2013年数据统计截止日期为6月30日,仅6个月时间,就接待了172艘次邮轮、100 267人次游客,相当于2012年的全年数据,达到了一个新的高度。这说明邮轮产业是在快速发展的,其带来的经济效益也越来越大。可以预估,三

亚邮轮母港一旦建设完成,将会带来更大的经济效益与社会效益。

表1 三亚凤凰岛国际邮轮港邮轮到港数据统计表

年份	接待邮轮/艘次	接待游客/人次	游客平均消费/元	每艘游轮联检时间/min
2006	16	5 476	550	30
2007	54	36 574	630	26
2008	132	169 835	700	23
2009	34	37 737	650	21
2010	30	39 384	670	20
2011	90	68 970	800	18
2012	172	117 394	850	16
2013	172	100 267	1 000	15

注:数据截止日期为2013年6月30日。

3 三亚邮轮母港建设对当地居民的影响研究

本次问卷主要分为三大部分:被调查者基本信息,当地居民对三亚旅游业、邮轮旅游业的认知情况,当地居民对三亚邮轮母港、母港建设的看法与认知。共收集问卷150份,其中有效问卷为139份,问卷有效率为92.7%。

3.1 当地居民对三亚邮轮母港建设的看法与认知

3.1.1 对邮轮旅游业的看法与认知

(1)对邮轮旅游业的认知

对于邮轮旅游业,38%的调查对象表示听说过;30.7%的调查对象表示基本不了解;25.3%的调查对象表示一般了解;仅有6%的调查对象表示了解较多。由此可以看出,大多数三亚当地居民对当地的邮轮旅游业还并不十分了解,处在初步认知阶段。

(2)可接受的邮轮旅游消费额

从当地居民可接受的邮轮旅游消费额来看,16.7%的调查对象愿意花费1 000元以下;34.7%的调查对象表示愿意花费1 000~3 000元(含3 000元);17.3%的调查对象愿意花费3 000~5 000元(含5 000元);7.3%的调查对象愿意花费5 000~7 000元(含7 000元);7.3%的调查对象愿意花费7 000~10 000元(含10 000元);16.7%的调查对象愿意花费10 000万元以上。目前,三亚本地居民可接受的邮轮旅游消费支出还比较低,三亚经济有待进一步发展。

3.1.2 当地居民对三亚邮轮母港建设的看法与认知

(1)母港建设对当地居民的影响

关于三亚邮轮母港建设完成之后对当地居民的影响,41.3%的调查对象认为可以让他们出游方便;36%的调查对象认为可以提高三亚当地居民的经济收入;26%的调查对象认为可以为当地居民带来更多的就业岗位;19.3%的调查对象认为无所谓;10.7%的调查对象认为没有影响,4.7%的调查对象认为有负面影响。

(2)是否愿意从事邮轮相关行业

在"三亚凤凰岛邮轮母港建设完成后,若提供较多就业岗位,会考虑从事邮轮相关行业吗"这一调查中,47.3%的调查对象认为会视情况考虑;17.3%的调查对象表示会从事邮轮相关行业;35.4%的调查对象表示不会从事邮轮相关行业。邮轮母港建设完成必然会为当地居民带来大量的就业岗位,解决就业难问题。

3.2 三亚邮轮母港建设对本地居民的影响研究分析

(1)三亚邮轮母港建设对本地居民的文化生活影响

当地居民普遍注重三亚邮轮母港建成后对其出游造成的积极影响,41.3%的调查对象认为三亚邮轮母港建设完成后可以让他们出游更方便。这说明,邮轮母港的建设可以让他们的生活方式更为多样,出游更为便捷,可以丰富、便利他们的旅游生活。

(2)三亚邮轮母港建设对本地居民的经济影响

在本次调查中,有53%的调查对象的职业直接或间接与旅游业相关,有36%的调查对象认为邮轮母港建设可以提高居民收入,这说明三亚邮轮母港建设可以对当地居民的经济收入产生积极影响。一旦邮轮母港建设完成,就会有越来越多的国际邮轮停靠三亚凤凰岛国际邮轮港,为三亚带来大量的国际、国内游客,必然会促进当地经济的快速发展。

(3)三亚邮轮母港建设对本地居民的就业影响

由问卷可以看出,26%的调查对象认为邮轮母港建设可以带来更多就业岗位。在"三亚凤凰岛邮轮母港建设完成后,若提供较多就业岗位,会考虑从事邮轮相关行业吗"这一调查中,超过半数的调查对象认为会从事或会考虑从事邮轮相关行业,对这一行业持积极乐观态度。这说明,多数当地居民对邮轮业持积极态度,认为邮轮业的发展可以为他们提供更多的就业机会。

4 结论

本文以三亚邮轮母港与当地居民为主要研究对象,重点研究、分析三亚邮轮母港对当地居民造成的影响,得出如下结论。

(1)三亚邮轮母港建设对三亚邮轮旅游发展及我国邮轮旅游业的发展有着巨大推动作用,应该高度重视邮轮母港建设。同时,在邮轮母港建设的过程中,应对现有问题进行整合与解决,完善邮轮母港建设。

(2)三亚邮轮母港的建设对当地居民有着较大的积极影响,同时当地居民对邮轮母港建设的感知也是正面的。大部分当地居民持积极乐观态度,如认为可以方便出游、提高经济收入、带来就业岗位等。只有极少数当地居民认为会带来一些负面影响,如会造成水体污染,过多旅客进入三亚会对当地居民日常生活造成不便等。

(3)三亚邮轮旅游的宣传仍需加强。关于"是否听说过邮轮旅游",38%的调查对象表示听说过;30.7%的调查对象表示基本不了解;25.3%的调查对象表示一般了解;只有6%的调查对象表示了解较多。这说明,仍需加强宣传三亚邮轮旅游,让更多人了解邮轮旅游这种新兴的旅游方式。

参考文献

[1] 王燕雄. 把握国际旅游岛建设机遇促进邮轮产业快速发展[J]. 科技向导,2011(5):105 –106.

[2] 冯琼,肖思智,刘家诚,等. 三亚国家服务业综合改革试点政策优化系列研究:三亚邮轮产业调研报告[J]. 特区经济,2014(1):21 –23.

[3] CLIA. 2008 Cruise Market Profile Study[R]. CLIA,2009.

[4] 杨茜. 邮轮母港建设对天津旅游业发展的影响研究[D]. 天津:天津商业大学,2012.

中国港口城市邮轮产业竞争力测度
——兼论三亚邮轮产业发展

亓 元 单德朋

摘要:为了寻找中国港口城市邮轮产业竞争力的来源,本文从需求、供给和市场环境三个方面选取指标构建邮轮产业竞争力评价指标体系,利用因子分析法对上海、深圳等7个港口城市的横截面数据进行分析。结论显示,影响邮轮产业发展的五个主因子分别是入境旅游发展的历史积累、旅游业供给能力、未来发展能力、金融机构发达程度和本地区的邮轮需求情况。本文在此基础上对三亚邮轮产业发展提出了相应建议。

关键词:港口城市;邮轮产业;竞争力

1 绪论

现代邮轮产业自20世纪60年代产生以来,每年都在邮轮游客数量、邮轮数量、邮轮床位数量、邮轮产业收入等指标上取得了较快增长。以邮轮度假游客数量为例,1980年以来,邮轮度假游客数量年均增长率为8.1%,市场表现好于年均增长率为4.3%的岸上度假市场。单就亚太地区来看,过去20年中,亚太地区邮轮度假游客数量增长率高达132%。即便是在受经济危机影响的2008年,北美邮轮市场仍有8艘新邮轮投入运营,床位增长率达4.1%,床位占用时间增长了6.1%,邮轮平均航行时间也从2007年的7.1天上升至2008年的7.2天。从收入来看,2008年,北美邮轮游客人均日消费额同比增长了4.0%,邮轮产业总收入同比增长了9.0%,达到249亿美元。邮轮产业在供给和需求两方面都取得了较好发展。由于邮轮产业的高速发展,世界邮轮协会称邮轮产业为“休闲度假市场中最令人振奋的一个子项”。

邮轮产业在保持相对高速发展的同时,还有较大的发展潜力。从邮轮产业产值在整个旅游市场中的比重来看,相较于岸上旅游活动,邮轮产业产值的比重还较小。世界旅游组织(UNWTO)报告显示:2006 年,世界旅游总收入为 7 330 亿美元,其中只有 7% 是由水上旅游活动产生的。由此可以看出,邮轮产业依然具有较大的发展潜力。

从邮轮产业发展的地域分布来看,过去世界邮轮产业主要集中于北美地区,但亚太地区已成为邮轮产业发展的新生驱动引擎。2004—2008 年,北美地区邮轮游客在世界邮轮游客总数中的比重从 77% 下降到 69%,而亚太市场则保持了 13.2% 的高年均增长率。总体来看,邮轮产业属于潜力巨大、发展速度较快的新兴产业,这一点在亚太地区表现得尤为突出。邮轮产业以其独有的产业关联作用,能够为港口城市带来巨大效益,这使得邮轮产业引起了中国很多沿海港口城市的注意,如上海、天津、厦门、深圳、北海、海口、三亚等地都在大力进行邮轮产业发展规划,探索邮轮产业发展路径。2009 年,在三亚举办的中国邮轮游艇产业发展大会上,中国各沿海港口城市的相关负责人都表示了未来走邮轮产业发展之路的决心,并针对当地情况论证了各自邮轮产业发展的优势。每位负责人在论述中都提到了各自城市的竞争力来源于区位优势、制度优势和资源优势,并且都提出了建设邮轮母港的发展方向。其中有两个问题值得讨论:一是各港口城市是否真正具备发展邮轮产业的竞争力;二是我国的邮轮旅游需求能否支撑多个邮轮母港的供给规模。要想回答这两个问题,就必须先对各港口城市发展邮轮产业的竞争力进行测度,探究港口城市发展邮轮产业的竞争力究竟体现在什么地方,并对各港口城市的综合竞争力进行横向比较。为此,本文主要包括以下内容:一是构建港口城市的邮轮竞争力模型;二是根据各城市相关数据对各港口城市的竞争力进行测度;三是根据三亚与其他城市竞争力的比较为三亚未来邮轮产业的发展提出相应建议。

2 邮轮产业竞争力模型构建

2.1 评价方法

为从总体上把握中国沿海港口城市邮轮产业竞争力状态,有必要对现有的邮轮产业发展各要素进行综合分析和比较,为评价竞争力水平提供依据。为此,可以以邮轮产业发展现状作为因变量,以影响邮轮产业发展的各要素作为自变量建立模型,寻找自变量和因变量的关系,进而根据自变量的赋值情况测算未来邮轮产业的发展潜力。这种研究方法虽然包含了大部分影响港口城市邮轮产业发展的因素，但选取的变量自相关现象严重，无法对模型进行准确解释。为了规避此类弊端，可以通过建立综合评价模型分析影响邮轮产业竞争力的主要因子及其权重，分析比较各因子得分和综合得分，从中找到当前邮轮产业发展的决定性因素，以及未来发展应该着重改善的因素。因子分析法可以在尽可能不损失信息或少损失信息的情况下，将多个存在相关性的变量减少为少数几个潜在的主成分，使这几个因子可以高度地概括大量数据中的信息，这样既减少了变量个数，又能再现变量之间的内在联系。此办法在将原始变量转变为因子的过程中形成了反映因子和指标包含信息量的权数，以计算综合评价值，这样就在指标权重选择上克服了主观因素的影响，有助于保证客观地反映各样本的现实关系。

2.2 指标体系的建立

指标体系的建立主要有三个步骤：第一，从邮轮产业的供给、需求、市场环境三个方面寻找影响邮轮产业发展的因素，形成初始指标体系；第二，根据专家意见对初始指标体系进行修正；第三，结合数据的可得性，结合修正指标形成最终指标体系。

依据构建综合指标体系应遵循的科学性、综合性、全面性、可比性、可操作性、直观性等原则，本文选取以下评估邮轮产业发展竞争力必备的可观测因子变量指标体系，作为评价各港口城市邮轮产业竞争力的初始基本指标。

(1)供给方面　反映港口城市邮轮产业供给能力，包括旅游从业人员数、旅游景区得分、星级酒店得分、旅行社数量、拟建港口邮轮泊位数、泊位水深、航道水深、拟建码头总吨位、邮轮码头建设投资额、航空港游客吞吐量、民用航空线路、航班班次。

(2)需求方面　反映游客或邮轮公司对港口城市的需求情况，包括过夜国际旅游者人数、国内旅游者人数、到访邮轮旅游者人数、人均 GDP、旅游外汇收入、邮轮停靠艘次、社会消费品零售总额。

(3)市场环境　反映港口城市发展邮轮产业的支持因素，包括政府对邮轮产业的支持力度、市场营销努力程度、每万人拥有在校高等学校学生数量、金融机构本外币存款余额、保险机构承保金额。

结合专家意见和数据的可得性，确定最终指标体系：供给方面包括旅游从业人员数、旅游景区得分、星级酒店得分、旅行社数量、拟建码头总吨位、航空港游客吞吐量;需求方面包括国际旅游者人数、名义地区国内生产总值、到访邮轮旅游者人数、旅游外汇收入;市场环境包括市场营销努力程度、每万人拥有在校高等学校学生数量、金融机构本外币存款余额、保险机构承保金额、免签政策。

2.3 评价指标的描述

(1)旅游从业人员数(x_1) 反映旅游地旅游接待能力和接待质量,从业人员越多,吸引的游客数量越多。

(2)旅游景区得分(x_2) 该变量体现在 A 级旅游景区的数量和质量两个方面。A 级景区的原始资料来源于中国国家统计局旅游名录中的旅游景区页面。旅游景区得分计算公式为

x_2 = AAAA 级景区数量 ×5 + AAA 级景区数量 ×4 + AA 级景区数量 ×3 + A 级景区数量 ×2。

(3)星级酒店得分(x_3) 同样体现在星级酒店的数量和质量两个方面。星级酒店的原始资料来源于中国国家统计局旅游名录中的宾馆饭店页面。星级酒店得分的计算公式为

x_3 = 五星级酒店数量 ×5 + 四星级酒店数量 ×4 + 三星级酒店数量 ×3。

(4)拟建码头总吨位(x_4) 反映港口城市未来接待邮轮的能力,也体现港口城市政府部门对邮轮旅游业的投资力度,以及对本港在邮轮旅游市场中的定位,是港口城市投资邮轮旅游基础设施规划的重要内容,是政府政策的风向标,是衡量港口城市邮轮接待容量的主要指标。

(5)航空港游客吞吐量(x_5) 反映航空运输供给能力,最终表现为为邮轮游客提供便捷交通的能力。

(6)国际旅游者人数(x_6) 反映此旅游目的地对国外游客的吸引力和接待能力。

(7)名义地区国内生产总值(x_7) 旅游地经济水平越发达,当地的接待条件越好,道路通信设施越完善,与外界的联系越密切。

(8)到访邮轮旅游者人数(x_8) 指搭乘国际邮轮到访本港的旅游者的人次数。

(9)旅游外汇收入(x_9) 反映国外游客的旅游需求和消费能力。

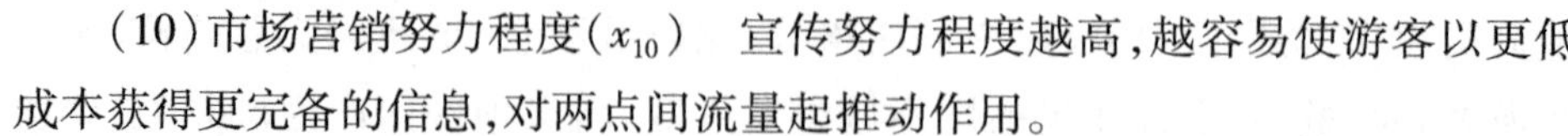

(10)市场营销努力程度(x_{10}) 宣传努力程度越高,越容易使游客以更低成本获得更完备的信息,对两点间流量起推动作用。

(11)每万人拥有在校高等学校学生数量(x_{11}) 反映人才供应情况和当地居民文化水平。

(12)金融机构本外币存款余额(x_{12}) 反映资本供给情况、外币兑换情况和金融业发达程度。

(13)保险机构承保金额(x_{13}) 反映金融业的发达程度和为游客提供旅行保险的能力。

(14)免签政策(x_{14}) 存在免签政策时,能够减少客源地游客到达旅游目的地的时间和金钱成本,从而强化出行条件。

(15)旅行社数量(x_{15}) 衡量港口城市的旅游接待能力和组织能力。

3 样本范围与数据来源

3.1 样本范围

本文利用2007年中国港口城市以上指标的横截面数据,对邮轮产业竞争力进行分析。本文选取的港口城市分别是上海、深圳、天津、厦门、青岛、大连、三亚。

选取这些城市的原因为:(1)这7个城市都属于滨海港口城市,旅游外汇收入和接待入境游客人次都在全国城市的前36位,属于入境旅游较为发达的港口城市;(2)这7个城市制订了或正在制订邮轮产业发展规划,并且对港口有扩建或新建计划;(3)这些城市的相关数据较容易获得。

3.2 数据来源

各港口城市入境游客人次数、旅游地旅游业从业人员数等数据来源于各城市的统计年鉴和各城市的旅游局官方网站;旅游地星级酒店和旅游景区的质量与数量原始数据来源于国家旅游局旅游名录页面;地理距离数据来自google经纬度查询工具的距离测量功能;免签证虚拟变量则根据国家民政局的签证政策获得。由于三亚是海南经济特区的城市,签证政策与其他城市不同,所以在赋值时单独考虑:三亚赋值5;深圳赋值4;其他城市赋值3。

3.3 检验方法

本文以SPSS统计分析软件作为分析工具进行因子分析,分析影响邮轮产业竞争力的主要因子及其权重,分析比较各因子得分和综合得分,从中找到当前邮轮产业发展的决定性因素,以及未来发展应该着重改善的因素。

4 邮轮产业竞争力的因子分析

4.1 计算相关系数矩阵、载荷矩阵和旋转矩阵

对标准化数据做因子分析,可以得到其相关系数矩阵,计算相关系数矩阵的特征值、贡献比例和累计贡献比例值,见表1。变量矩阵的前5个大于1的特征值分别为9.48,4.55,1.99,1.93和1.62。它们的累计方差贡献率为88.95%,即它们可以共同解释原始变量标准化方差的88.95%。选择前五个主因子,其所代表的信息量可以充分地解释并提供原始数据能表达的信息,可以充分地反映和代表各样本城市邮轮产业的竞争力的综合水平。

表1 邮轮产业竞争力因子的特征值、贡献比例及累计贡献比例

主因子	特征值	贡献比例/%	累计贡献比例/%
1	9.48	43.09	43.09
2	4.55	20.67	63.76
3	1.99	9.06	72.82
4	1.93	8.78	81.59
5	1.62	7.36	88.95

对提取的5个因子建立原始因子载荷矩阵,同时为了便于对各因子载荷做出合理解释,需要对其进行旋转,使其结构简化,其目的是排除噪声的干扰。本文采用因子分析中的极大方差正交旋转,从而使其结构简单化,最后得到旋转后的因子载荷矩阵,见表2。

表 2 旋转后的因子载荷矩阵

	1	2	3	4	5
旅游从业人员数	0.292 072 971	0.786 058 488	0.040 480 341	0.047 405 948	0.058 927 042
旅游景区得分	0.345 666 442	0.837 204 22	0.059 067 426	0.190 024 463	-0.068 427 17
星级酒店得分	-0.175 167 7	0.905 139 444	0.009 189 116	0.093 864 237	-0.036 374 74
拟建码头总吨位	-0.157 621 11	0.071 830 749	0.704 245 9	0.011 629 052	0.042 081 068
航空港游客吞吐量	-0.061 271 41	0.811 971 241	0.179 418 385	0.0426 369 25	0.202 751 816
国际旅游者人数	0.990 702 035	0.238 003 18	-0.169 937 47	0.049 833 226	-0.267 336 44
地区生产总值	-0.030 191 87	-0.003 424 15	-0.254 825 49	0.035 939 928	0.643 458 694
邮轮旅游者人数	0.971 196 445	0.234 968 462	-0.010 522 876	-0.051 523 17	0.218 806 524
旅游外汇收入	0.904 875 098	-0.220 486 82	-0.274 972 682	-0.608 938 45	0.264 452 985
高等学校学生	0.247 511 533	0.355 855 547	0.067 368 661	-0.090 969 18	0.894 744 285
本外币存款余额	0.067 266 166	-0.096 937 76	0.028 684 244	0.639 136 22	0.058 522 045
保险机构承保金额	-0.045 782 17	0.184 802 287	-0.034 223 67	0.949 191 559	0.110 035 465
免签政策	0.773 407 662	0.456 123 246	0.582 298 48	-0.008 409 75	-0.061 836 17
旅行社数量	0.762 853 15	0.862 722 738	0.470 864 85	-0.070 177 03	0.107 880 19

4.2 主因子解释

虽然因子载荷矩阵对邮轮产业竞争力的解释还不够明显，但是旋转后得到的正交因子矩阵则清晰地将指标按正交旋转因子矩阵中的高载荷成分成5类。由表2可以看出，第一主因子在国际旅游者人数、邮轮旅游者人数、旅游外汇收入上具有较大载荷，因此第一主因子可以解释为入境旅游发展历史积累；第二主因子在旅游景区得分、星级酒店得分、航空港游客吞吐量、旅游从业人员数、旅行社数量上载荷较大，可以以此因子命名旅游业供给能力，反映相应城市邮轮旅游产品供给的能力；第三主因子在拟建码头总吨位、免签政策指标上具有较大比重，因此第三主因子可以解释为未来发展能力；第四主因子在本外币存款余额、保险机构承保金额指标上具有较大载荷，可以将其命名为金融机构发达程度；第五主因子在地区生产总值、每万人拥有在校高等学校学生数量(高等学校学生)指标上具有较大载荷，可以将其解释为地区经济文化水平，反映本地区创造邮轮需求的能力。

4.3 因子得分排名情况

为了对各城市邮轮产业竞争力做进一步解释，本文对5个主因子计算因子得分，并以各因子的贡献率为权重计算综合得分，按综合得分的大小进行竞争力排序，得到因子得分和综合得分的排序情况。中国部分港口城市邮轮产业竞争力主因子得分和综合得分排名见表3。

表3　中国部分港口城市邮轮产业竞争力主因子得分和综合得分排名

	入境旅游发展历史	旅游业供给	未来发展能力	金融机构发达程度	本地邮轮需求	综合排名
上海	1	1	2	1	1	1
天津	3	3	3	2	2	2
厦门	2	2	4	6	6	3
大连	4	4	6	4	4	4
深圳	5	6	5	3	3	5
三亚	7	5	1	7	7	6
青岛	6	7	7	5	5	7

从7个港口城市总得分排名来看,上海凭借其入境旅游发展的历史积累、完善的旅游业供给能力等高居第一位,之后依次是天津、厦门、大连、深圳、三亚和青岛。从港口城市旅游产业竞争力的来源来看,其竞争力并非如各地政府所言是区位、资源、政府支持的结果,而是来自入境旅游发展的历史积累、旅游业供给能力、未来发展能力、金融机构发达程度和本地区的邮轮需求情况。

5 对三亚邮轮产业发展的启示

从三亚市邮轮产业发展竞争力各因子得分和总得分的排名来看,三亚市发展邮轮产业的最大优势在于政府的超前规划。三亚市以超前的眼光,战略性地将邮轮产业作为未来三亚经济发展的新增长点,并围绕邮轮产业发展制订规划。三亚凤凰岛国际邮轮港已于2006年11月9日建成并投入运营,岛上已建成8万吨级国际邮轮码头,并配套设有16个边检通道的现代化客运联检楼,可一次性接待3 000名国际游客入境,年接待游客量可达30万人次以上。另外,一座5万吨级和20万吨级的邮轮码头正在规划报建之中,建成后将能接待当今世界上最大的邮轮。

同时,三亚发展邮轮产业的劣势体现在旅游发展起步较晚、金融机构不发达及本地邮轮需求较少。针对这些不利于邮轮产业发展的因素,三亚在未来的发展中应着重在以下方面做出改善:一是坚定不移地将旅游业作为战略性支柱产业,靠加快速发展度弥补起点较低的缺陷,力争在一定时间内赶超其他城市;二是优化旅游供给结构,以国际化标准提升供给质量,规避低水平价格竞争;三是继续加大对当地居民的就业扶持和转移支付力度,使当地居民能够真正享受到旅游发展带来的好处,逐步减少旅游漏损,最大限度保证旅游乘数效应,使当地经济发展真正进入良性循环,提升当地居民可持续收入能力,从而带动本地旅游需求和金融业的发展;四是利用海南作为经济特区的优势,在落地签证等方面寻求制度红利,切实发挥特区优势;五是利用航空港开拓腹地,打造“三小时经济圈”,以积极的态度融入周边城市旅游发展框架,充分共享资源,利用腹地购买力拉动需求。

6 结语

本文通过对中国7个港口城市的邮轮产业竞争力进行分析,找到了影响邮轮产业发展的五个主因子:入境旅游发展的历史积累、旅游业供给能力、未来发展能力、金融机构发达程度和本地区的邮轮需求情况。同时,本文对各城市的邮轮产业竞争力进行了定量分析,利用本文设定的竞争力分析框架能够很好地对每个城市的邮轮产业发展竞争力进行分解。此外,本文以三亚为例,分析了三亚的竞争力优势和劣势,以及三亚提升邮轮产业发展竞争力的路径。

本文主要对横截面数据进行了分析,属于静态分析,未能很好地体现各港口城市多年来的竞争力变化情况,通过时间序列的动态分析能够更为清楚地判断政策或外力因素的有效性,这是未来应该着力研究的方向。同时,本文没有对港口城市建设邮轮母港合理与否进行论证,这也是未来应该解决的问题之一。此外,还需要从成本和市场需求的角度对邮轮母港的市场范围进行测度,这样可以解决本文绪论中提出的第二个问题,即我国的邮轮旅游需求是否能够支撑多个邮轮母港的供给规模。

参 考 文 献:

[1] KAM H, PETRICK J F. Developing a measurement scale for constraints to cruising[J]. Annals of Tourism Research,2010,37(1):206 - 228.

[2] 易丽蓉,傅强. 旅游目的地竞争力影响因素的实证研究[J]. 重庆大学学报(自然科学版),2006,29(8):154 - 158.

[3] 刘志强. 浅论上海邮轮经济发展[J]. 水运管理,2004,26(10):23 - 25.

[4] 孙亮亮. 厦门港发展邮轮经济研究[D]. 大连:大连海事大学,2008.

[5] 陈紫华. 港口城市邮轮旅游业竞争力评价研究[D]. 厦门:厦门大学,2008.

[6] 王诺. 邮轮经济:邮轮管理 · 邮轮码头 · 邮轮产业[M]. 北京:化学工业出版社,2008.

[7] 胡建伟,陈建淮. 上海邮轮产业集群动力机制研究[J]. 旅游学刊,2004,19(1):42 - 46.

[8] 赵磊,庄志民. 旅游目的地竞争力模型比较研究[J]. 旅游学刊,2008,23(10):47 - 53.

国内邮轮游客特征研究
—— 以“歌诗达大西洋号”为例

朱 琳 杨志猛

摘要:邮轮旅游在我国属于一种新兴的旅游方式,近年来受到产业界和理论界的普遍关注,但目前国内对邮轮旅游的研究比较匮乏,所能提供的关于邮轮游客特征的信息较少。本文通过问卷调查分析得出,“歌诗达大西洋号”国内邮轮游客特征有以下几种:游客以中青年为主;多数游客是首次乘坐邮轮;客源地以华东、广东及东北为主;游客年龄集中在18~35岁;多为事业单位人员、公司职员和企业管理人员;月收入多为5 001~15 000元;离岸旅游主要选择跟随旅行社;出游消费动机较集中、统一,消费构成较单一、传统;邮轮航线选择集中于欧洲和中日韩航线,航程天数为五天左右;游客对邮轮生活整体评价较高。

关键词:游客;邮轮出游;游客特征

1 引言

邮轮旅游业近年来受到产业界和理论界的普遍关注,但国内对邮轮旅游的研究比较少,所能提供的关于邮轮游客特征的信息较少。相关研究的滞后必然会制约我国邮轮市场的发展,不利于把握邮轮旅游市场需求特征,也就难以有针对性地进行产品开发和营销推广。本文通过对“歌诗达大西洋号”游客的特征进行研读,从而确定并分析潜在游客群体,进一步解读国内邮轮游客特征现状。

2 邮轮游客特征分析

本次问卷的发放均在“歌诗达大西洋号”邮轮上进行,为期三个月,共发放问卷160份,收回150份,其中有效问卷为150份。

调查问卷显示,乘坐“歌诗达大西洋号”邮轮出游的旅客中,男性游客所占比例较大，占总游客的六成以上，女性游客不足四成；其中，第一次乘坐邮轮出游的人数达到 123 人，占整体的 82%，这点符合邮轮在中国市场新兴和崛起的现状。

问卷数据显示，来自上海的游客占全体游客的二分之一，其次是来自华东、广东及东北的游客。近年来，东北游客逐渐选择去南方旅游，较多选择邮轮作为出游方式；广东是旅游经济大省，广东游客资金充足且爱玩、爱吃美食，更愿意尝试邮轮这类新兴出游方式。

游客主要分布在 18 ~ 25 岁、26 ~ 35 岁两个年龄段，共占游客总人数的近八成。这个年龄段的游客有时间、经济基础和精力参与五天左右的邮轮出游生活。船体较晃时会导致乘客出现晕船呕吐等现象，这在一定程度上限制了一部分其他年龄段群体选择邮轮旅游。

邮轮游客多为事业单位工作人员、公司职员和企业管理人员，其中公司职员和企业管理人员占将近四成。事业单位和企业管理人员所占比例较大，很大一部分原因是他们收入较高且稳定，体力充沛，有足够的精力和假期来参加短途邮轮旅游。

邮轮游客的家庭月收入集中在 5 001 ~ 10 000 元和 10 001 ~ 15 000 元，共占游客总人数的近六成。邮轮旅游对消费人群的经济实力要求较高，因此一直被认为是高端消费项目。以 2015 年“歌诗达大西洋号”的中日韩航线来算，四至五天的航程，每个人的船票平均为 7 000 元左右，港务费和小费为 900 元左右，护照和签证费用为 700 元左右，岸上游报名费为 500 元左右，还有在船上的其他消费（如酒吧、免税店及岸上观光购物的花销），所以一次邮轮旅游的人均消费为 13 000 元左右。而邮轮旅游大部分由家人、同事、朋友和情侣一起出游，人均消费较高和出游人数较多限制了很多收入较低的人群选择邮轮旅游。

岸上游的方式有两种：跟随旅行社和自由行。选择传统方式跟随旅行社出游的游客占将近六成。邮轮旅游涉及出国签证等问题，一般办理个人签证所需的手续多，没有团队签证便捷、快速、安全，因此大部分游客选择跟随旅行社。

表 1 反映的是调查问卷中调查对象的消费动机。在这些消费动机中，度假休闲、观光旅游所占比例最高，分别达到约 89% 和 80%，其次是对邮轮生活的好奇、船上的美食和服务、增长见识。这说明，国内游客选择邮轮出游的动机比较统一和集中。

表 1　游客邮轮出游消费动机

消费动机	响应		百分比
	个案百分比	N	
度假休闲	134	34.09	89.33
观光旅游	120	30.53	80.00
邮轮娱乐设施	22	5.59	14.67
船上美食和服务	31	7.88	20.67
身份象征	17	4.32	11.33
对邮轮生活的好奇	35	8.90	23.33
增长见识	31	7.88	20.67
其他	3	0.76	2.00
总计	393	100.00	262.00

国内游客邮轮出游的消费支出主要由船票和到达旅游目的地的岸上观光构成,见表 2。近一半调查对象选择到达旅游目的地的岸上购物,而中国人爱购物的特点也会主导这一消费支出。以“歌诗达大西洋号”的日韩航线为例,游客在韩国以购买化妆品为主,在日本则以购买电子产品为主,这两项购物支出往往金额较大,也会导致一部分人不会进行岸上购物。表 2 中的最后一个选项属于在船上的消遣支出,对于较传统的中国人来说,这些额外的支出很少会在出游计划之内。由此说明,在邮轮出游消费支出方面,国人消费还是比较单一、传统、集中,以船票和岸上旅游观光的费用为主。

表 2　邮轮出游消费构成

消费构成	响应		百分比
	个案百分比	N	
船票	122	31.52	81.33
到达旅游目的地的岸上观光	128	33.07	85.33
到达旅游目的地的岸上购物	74	19.12	49.33

表 2(续)

消费构成	响应		百分比
	个案百分比	N	
邮轮上酒吧、赌场、免税店、SPA、付费餐厅的消费	63	16.27	42.00
总计	387	100.00	257.99

游客对邮轮航线的选择见表 3。由表 3 可以看出,66% 的游客比较倾向于欧洲航线;54% 的游客会选择中日韩航线;其他航线(如新马泰航线、地中海航线)都是比较受欢迎的。欧洲有近 50 个国家和地区,一般去欧洲都是多国和连线旅游,邮轮的欧洲航线也是如此:一个航程五天左右,可以去三到四个国家游览。以"歌诗达大西洋号"为例,对于国内游客来说,欧洲的来往路费花费较大,这是阻止大家乘坐欧洲邮轮航线的首要因素,只有中日韩这条航线能暂且避免这些不利因素。日本和韩国一直以来都是我国游客亚洲出游的首选,它们与中国距离不远,大部分上班族有充足的时间去享受一次短期邮轮生活。这也说明国内游客选择邮轮航程路线时,对目的地选择和出游距离的要求较高。

表 3　邮轮航线选择

航线	响应		百分比
	个案百分比	N	
中日韩航线	82	22.10	54.67
新马泰航线	56	15.09	37.33
地中海航线	46	12.39	30.67
欧洲航线	99	26.68	66.00
北美航线	37	9.97	24.67
南美航线	16	4.31	10.67
加勒比海航线	35	9.43	23.33
其他航线	0	0	0.00
总计	371	100.00	247.34

由邮轮出游航程天数选择(表4)可以看出,将近七成的游客选择四到五天的航程。由于邮轮旅游必须在港口登船起航,对于距离始发港较远的游客来说,他们要提前到港,实际所需时间会更长。因此对于邮轮旅游来讲,一次七日游全程实际会涉及八天甚至更长时间。国内现行的假期长则七天、短则三天,闲暇时间最集中的是“五一”“十一”和春节三个假期,倘若进行“五日游”或“七日游”,则会使人们的假期安排比较紧张。“清明”“中秋”“端午”这样的小假期更难安排邮轮旅游。四至五天的邮轮旅行更适合国内大部分上班族,也具有更大的市场和吸引力。因此,国内邮轮旅游航程以五天左右为最佳,偏短期化。

表4　邮轮出游航程天数选择

航程天数	样本数/人	百分比
3天以内	4	2.67
4~5天	102	68.00
6~7天	33	22.00
一周至两周	3	2.00
半个月以上	8	5.33
合计	150	100.00

表5反映的是调查问卷中调查对象对邮轮生活的满意度。本文把满意度内容分为六项。在平均分方面,邮轮游客对服务态度和装潢背景的满意度最高,其次是硬件设施、舒适程度、航次安排,而游客对船上的餐饮美食满意度最低。具体来看,在“非常不满意”这个选项中,六个方面都有游客选择,但仅有四人,不满意度较低;在“不太满意”这个选项中,餐饮美食和舒适程度占较大比例,硬件设施不满意度低;在“一般”这个选项中,选择餐饮美食的游客最多,而其他选项较平均;在“满意”和“非常满意”两个选项中,对服务态度和装潢背景非常满意者居多,硬件设施两项持平,餐饮美食、航次安排和舒适程度则是满意者居多。由于“歌诗达大西洋号”的装潢以意大利风格为主,游客会出于新鲜感对装潢有所好评,但是国内游客不一定能吃得惯意大利食物,因此导致该方面分数较低。每方面的“非常不满意”一栏均有游客选择,这说明在邮轮旅游过程中,部分游客对邮轮生活各个方面都不满意。但是整体而言,满意

度都较高,这说明对于邮轮生活,大部分游客的态度还是比较满意的。邮轮企业不能忽略游客不满意的原因,应加以重视、补救,使邮轮生活更加人性化、便利化。

表 5　游客对邮轮生活的满意度

邮轮生活	非常不满意		不太满意		一般		满意		非常满意		平均分
服务态度	4	≈3	3	2	12	8	57	38	74	≈49	4.29
硬件设施	4	≈3	1	≈1	13	≈9	66	44	66	44	4.26
装潢背景	4	≈3	2	≈1	11	≈7	62	≈41	71	≈47	4.29
餐饮美食	4	≈3	4	≈3	21	14	66	44	55	≈37	4.09
航次安排	4	≈3	3	2	17	≈11	75	50	51	34	4.11
舒适程度	3	2	4	≈3	13	≈9	72	48	58	≈39	4.19

整体来说,作为超五星级的豪华邮轮,它为游客提供的服务和设施让超过九成的游客觉得满意,不管是船上富丽的装潢、齐全的设施、美味的菜肴还是舒心的服务,都让客人觉得物超所值。针对"歌诗达大西洋号"的调查结果显示,体验过邮轮服务的游客对整体产品的满意度高达 98%。一项针对 2015 年之前 5 年间具有邮轮旅游经历的游客的调查表明,平均每人愿意在未来两年内再进行 1 ~2.4 次邮轮旅游。因此,邮轮旅游的"回头客"也将是未来的主要客源之一。

表 6 反映的是调查问卷中调查对象是否会向亲朋好友推荐邮轮旅游。由表 6 可以看出,近 98% 的游客会向亲朋好友推荐邮轮旅游,这说明国内邮轮旅游的潜在市场是巨大的。

表 6　是否会向亲朋好友推荐邮轮旅游

选项	样本数/人	百分比
是	146	97.33
否	4	2.67
合计	150	100.00

3 总结

本文认为“歌诗达大西洋号”国内邮轮游客特征是:多数游客是首次乘坐邮轮;客源地以华东、广东及东北地区为主;游客年龄集中在18~35岁;多为事业单位工作人员、公司职员和企业管理人员;月收入多为5 001~15 000元;离岸旅游主要选择跟随旅行社;出游消费动机较集中、统一,消费构成较单一、传统;邮轮航线选择集中于欧洲和中日韩航线,航程天数为五天左右,偏短期化;游客对邮轮生活整体评价较高。

国内游客邮轮出游刚刚起步,国内邮轮旅游还存在一些不足,我国需要改进和提高的地方较多。只有深入了解我国国内游客的特征,有针对性地组合邮轮旅游产品,提高人们对邮轮旅游的认知度,充分考虑国内游客的各方面因素,才能更好地为国内游客提供更加舒心的邮轮体验。

参考文献

[1] 陈梅.基于旅游者需求的中外邮轮市场开发差异性对比研究[D].北京:北京第二外国语学院,2011.

[2] 徐月异.邮轮旅游影响因子研究及对中国的启示[D].杭州:浙江工商大学,2011.

[3] 杜铮.歌诗达邮轮中国市场服务营销策略研究[D].天津:天津大学,2011.

[4] 张言庆,马波,刘涛.国际邮轮旅游市场特征及中国展望[J].旅游论坛,2010,3(4):468-472.

[5] 吴春艳.我国邮轮旅游者购买决策影响因素研究[D].大连:东北财经大学,2012.

旅游对社会空间生产的影响

——基于邮轮港周边居民感知角度

朱 琳

摘要:空间生产的发生基于社会发展的需要。社会的发展主要依靠产业升级或产业引进。本文从居民感知角度进行分析,发现邮轮旅游的开展增加了空间主体成分,为空间创造了更多的经济价值;空间生产对环境卫生的改善有一定促进作用;空间的实践引发社会群体行为的变化,促使空间中的文化交互发挥作用。

关键词:空间生产;邮轮旅游;港口;居民感知

邮轮旅游作为近年来兴起的一种旅游方式,对港口城市旅游业发展的推动作用日益增强。上海吴淞口国际邮轮港是宝山区政府和上海长江轮船公司合作投资建设的国家重点项目,于 2011 年正式投入运营,将发展成为亚洲重要的母港,为宝山区带来巨大的经济效益。数十年来,宝山区重工业经济发展良好,但随之而来的则是宝山区空气质量的下降。宝山区依赖优越的地理位置发展邮轮产业,将为周边居民生活带来巨大的变化。本文在经济、环境、社会文化等方面对居民的态度进行了调查。

1 调查问卷设计

本文采用调查问卷的方法获取数据资料。问卷的调查内容包括就业、个人收入、经济转型、旅游业发展、物价上涨、垃圾增多、噪声污染、交通状况、提高当地知名度、学习外来文化、治安等问题。

本文利用 Likert 量表 1 ~ 5 级评分值测量数据:1 分表示非常反对;2 分表示反对;3 分表示中立;4 分表示同意;5 分表示非常同意。本文表中为各等级人数所占的百分比,其中赞成率是“非常同意”与“同意”的百分比之和,反对率是“非常反对”和“反对”的百分比之和。

2 居民感知度分析

上海吴淞口国际邮轮港位于上海吴淞口长江岸线的炮台湾水域,未直接进入居民生活区,处于边缘区域。居民周边环境的变化,会通过经济、环境、社会文化等方面逐渐改变居民的生活。

2.1 经济方面

表1为居民对经济方面的感知度数据分析。调查结果表明,当地居民对邮轮旅游在经济方面的正面感知度很强。由于当地一直大力发展钢铁重工业,所以向旅游业转型是众望所归,这对邮轮旅游发展有着十分积极的作用。59%的居民对发展邮轮旅游能够促进当地经济转型持同意态度,赞成率为77%。75.9%的居民认为发展邮轮旅游能够为他们带来更多的就业机会。邮轮产业发展可以带动周边酒店、旅行社、餐厅、购物商场等行业的兴旺,间接为人们提供更多的工作岗位。64.6%的居民认为发展邮轮旅游会引起房价上涨。上海的房价一直居高不下,宝山区属于郊区,房价相对来说比较低,人们买房的压力较小。如今,宝山区致力于发展旅游业,随着周边设施的不断完善,居住条件的改善,房价将会升高。

表1 居民对经济方面的感知度数据分析

调查项目	非常反对/%	反对/%	中立/%	同意/%	非常同意/%
个人收入增加	7.9	8.4	19.1	32.6	32
增加就业岗位	5.6	11.8	6.7	50.6	25.3
吸引外企投资	10.7	6.7	20.2	19.1	43.3
房价上涨	6.2	8.4	20.8	42.1	22.5
物资价格上涨	16.3	12.4	14.6	37.6	19.1
促进旅游业发展	10.1	21.3	23.6	38.3	6.7
促进经济转型	1.1	7.9	14	59	18

邮轮港的投入运营带来了新的就业岗位,吸引了大批择业人员融入。就业人员并非全部来自宝山区,为工作便利,他们或在工作期间居住于宝山区

内,或通勤上下班。无论是哪种形式,其生活重心都向宝山区偏移,加入当地社区,使得空间的主体成分增加。同时,随着邮轮的进出港,不同国籍的游客也随之而来。为了为短暂停留的游客提供服务,周边的旅游接待设施逐渐完善,居民部分生活空间以出租或经营旅游相关产业的形式发生了转变,居民收入有所增加。旅游业在当地的发展,吸引了大量投资者的眼光,为空间创造了更多经济价值,本地商圈逐渐形成,引起区域内租金上涨,房价抬高。当地居民本应为空间主体,但邮轮旅游的发展使得居民的居住不能满足旅游的需求,对空间利益的追求会促进空间主体的置换。居民、政府、港口工作人员、商户均将参与其中。

2.2 环境方面

随着邮轮旅游的发展,当地政府为树立国际邮轮码头的形象,提高了基础设施整体水平,为居民的生活带来了一定的便利和实惠。表 2 为居民对环境方面的感知度数据分析。调查结果表明,51% 的居民认为发展邮轮旅游有利于居民增强环保意识。79.3% 的居民认为由于发展邮轮旅游,黄浦江水质在有关部门的监管下有所改善。很多年前,提起黄浦江人们脑海中浮现的就是脏、乱、臭。人们在江边游玩乱丢垃圾,导致江水水面垃圾成堆。随着邮轮码头的兴建,江边的卫生有专人清理,江边的环境随之有了质的变化,来江边散步游玩的人也多了,相关的卫生设施逐渐完善,如今的江边又是一番新的景象。也有 73% 的居民认为发展邮轮旅游能够改善空气质量。宝山区由于重工业的发展,一直灰尘多、空气差,相较于其他区来说,污染最为严重。宝钢等大型炼钢厂集中在月浦镇,使得当地居民苦不堪言。然而,随着邮轮产业的发展,宝山区政府计划实施经济转型,从工业大区转变为邮轮大区。这意味着宝钢等工厂将陆续转移,对宝山区的空气改善有着至关重要的作用。55.6% 的居民认为发展邮轮旅游有利于增加绿化面积。54% 的居民认为路面卫生状况有所改善。环境变化是居民对地区变化最为直接的感受,是居民每天都会接触到的,对于居民来说,环境的改善是最易察觉的,也是受益最深的。对于邮轮旅游对环境的负面影响,居民的感知度也较为强烈,超过一半的居民认为邮轮旅游的发展引发了垃圾增多和噪声污染问题。

表 2 居民对环境方面的感知度数据分析

调查项目	非常反对/%	反对/%	中立/%	同意/%	非常同意/%
增强环保意识	12.4	19.7	16.9	25.8	25.2
路面卫生状况改善	11.1	18	16.9	31.5	22.5
空气质量有所改善	5.1	7.9	14	46	27
绿化面积增多	10.1	14.6	19.7	29.2	26.4
缓解江水污染	2.2	8.4	10.1	61.3	18
垃圾增多	14	15.2	19.1	26.4	25.3
噪声污染	11.8	6.7	22.5	37	22

邮轮旅游的开展,使得邮轮码头成为迎接外来游客的门面,居民环保意识增强,路面卫生状况有所改善,绿化面积增多,同时江水污染减少。宝山区的经济发展重心由重工业转向旅游业,重工业的转移能够改善空气质量,但游客的涌入使得垃圾增多,车流量增大,噪声污染增加。旅游业属于第三产业,也称无烟产业,发展旅游可以改善由重工业导致的环境问题。但旅游业是服务产业,对日常消费品的消耗会增加很多,垃圾的产出量会超出日常生活状态。游客除去就餐及休息,基本处于移动状态,因此噪声会增加,且随着游客活动的外延,噪声范围会逐渐增大。邮轮旅游对空间中环境的改变若是居民期待的方面,居民会对旅游持积极支持态度;若是负面方面,居民则会有一定的意见。环境卫生在社会空间生产中属于附带效益,空间生产对其改善有一定促进作用,但并不绝对。环境变好会减少居民因新产业带来变化而感到的不适应与不安,有利于营造美好环境,有利于空间内结构、关系的生产与再生产。

2.3 社会文化方面

表 3 为居民对社会文化方面的感知度数据分析。调查结果表明,居民对社会文化方面的正面感知度较强。75.3% 的居民认为发展邮轮旅游有利于提高当地的知名度。邮轮旅游是一项新兴的旅游项目,成为邮轮母港的条件也十分苛刻,上海市市中心的旅游发展十分成熟,而郊区的发展却相差甚远,发展邮轮产业可以让人们对宝山区熟悉起来,从而提高当地的知名度。69.1% 的居民认为邮轮旅游有利于激发居民学习英语的热情。邮轮旅游的旅客来自世界各地,讲英语的占大多数,要发展邮轮旅游就需要与旅客交流,这将大大

激发当地居民学习英语的热情，有利于促进国际语言的普及。40.3%的居民认为发展邮轮旅游有利于当地传统文化的发展。50%的居民认为发展邮轮旅游能够增强居民自豪感。56.7%的居民认为大量旅客的涌入会导致社会治安变差。邮轮旅游的游客来自世界各地，人员混杂，不利于管理，出现治安问题的可能性会变大，使得社会动荡因子活跃。确保治安也是居民安居乐业的基本保证，只有社会安定了，才能保证地区的发展，才能使该地区长治久安。

表3　居民对社会文化方面的感知度

调查项目	非常反对/%	反对/%	中立/%	同意/%	非常同意/%
促进英语的普及	8.4	11.2	11.3	45.5	23.6
提高当地知名度	3.9	10.1	10.7	51.1	24.2
有利于传统文化发展	17.4	17	25.3	23	17.3
自豪感增强	14	10.7	25.3	28.1	21.9
治安变差	11.3	15.7	16.3	29.2	27.5

空间生产中，空间的实践居于主体地位。外来人员的到来势必会引发社会群体行为的变化，空间中的文化交互会发挥作用。外来文化的进入能够促进英语的普及。良好的沟通有利于居民参与到旅游活动中，与外籍游客更好地交流。为了更好地将传统文化传播出去，可以将其具体化、形象化、符号化，或设计成旅游产品，或融入旅游产品。传统文化也会跟随游客购买的纪念品、特色场所拍摄的照片、品尝的美食深入游客心中。但外来人员的大量涌入也会带来一些负面影响，其中治安变差较为明显。由于法律制度、思想意识、成长环境的差异，外来人员的涌入容易引发治安问题。在邮轮旅游带来收益的同时，政府也应该在社会治安方面加强治理。社会的稳定有利于产业的顺利发展，有利于区域的经济繁荣，也有利于居民对旅游的支持。

3　结语

发展邮轮旅游给居民带来了经济、环境、社会文化上的实惠，同时，居民也担忧旅游发展带来的问题。若这些问题得不到及时有效的处理，就会引起居民与旅游者之间的不和谐。因此，政府有关部门需时刻关注，并及时对出现的问题或不良走向进行适当干预与引导,保证邮轮旅游的持续发展。

参 考 文 献

[1] 段华勇.旅游景区与周边居民间和谐关系问题初探[J].旅游论坛,2010,3(2):181-193.

[2] 卢春天,石金莲.旅游地居民感知和态度研究现状与展望[J].旅游学刊,2012,27(11):32-43.

[3] 刘姝萍,车震宇,侯艳梅.旅游小城镇居住主体置换的空间实践研究:以丽江束河为例[J].华中建筑,2014(11):86-89.

[4] 郭凌,王志章,陈丹丹.旅游影响下城市历史街区的空间再生产研究:基于列斐伏尔空间生产理论视角[J].四川师范大学学报(社会科学版),2016,43(4):53-60.

Study on the Motivation of Cruise Tourists in Sanya

Yingchao Zhang

Abstract: In recent years, cruise tourism has become a new star in China's tourism industry. With its huge consumption and the huge driving force of tourism-related industries, cruise industry has formed a new tourism economy with attractive prospects. As an important tourist seaside city in southern China, cruise tourism development of Sanya has a unique advantage. With the steady progress of the second phase of the Sanya Phoenix Island Cruise Port, the development of cruise tourism will have a profound impact on Hainan Island and its surrounding areas. However, in recent years, Sanya cruise tourism market has been developing slowly, and the number of ships arriving in Sanya has been decreasing, the cruise tourism market in Sanya has been decreasing year by year. Through literature research and field survey, this paper takes the cruise tourists in Sanya as the research object, and conducts a basic analysis of the factors affecting the current cruise tourists, and what is more, use SPSS to analysis the data to find seven motivations for current cruise tourists. Finally, combined with the research results, the following suggestions are proposed to further develop the cruise market in Sanya: diversifying cruise ship price portfolio, enriching cruise tourism products, and increasing cruise tourism marketing campaign.

Key words: Sanya cruise travel; consumer behavior; travel motivation

1 Introduction

The development of cruise tourism has shifted to the east area, and more and more international cruise companies have opened Chinese routes. China has become the fastest growing emerging market in global cruise tourism market. At the same time, with the continuous improvement of the concept of national consumption, the "cruise dream" of common tourists is no longer out of reach, and the development potential of China's cruise tourism market is huge. As an important tropical coastal tourist city in China, Sanya has a unique advantage in developing cruise tourism. However, in recent years, the Sanya cruise tourism market has been developing slowly, and the number of ships arriving in Sanya Phoenix Cruise Port has been decreasing. The data shows that from 2013 to 2015 Star Cruise opened port route in Sanya Phoenix Cruise Port, and until 2018, Star cruise finally returned to Sanya. The share of Sanya cruise tourism in the tourism market has been decreasing year by year.

2 Research status

The development of western cruise tourism has matured as early as 1990s. In terms of cruise travel motivation, the study found that cruise travel motivation includes social, family, cultural exploration, short-term escape, comfort, special enjoyment, pursuit of prestige, shopping, time and cost . However, domestic scholars pay less attention to cruise behavior and cruise products. In terms of cruise purchase decisions, the research found that factors affecting consumers' purchase of cruise tourism products include psychological, economic, cultural, social, marketing incentives, perceived risks, opportunities and capabilities.

According to the China Cruise Development Report, in 2014, China's domestic ports operated a total of 466 voyages, an increase of 14.78% compared with the previous year; the number of passengers entering and leaving the cruise reached 1.173 million, an increase of 43.36% compared with the previous year. In 2030, the total number of cruise passengers in China's ports will reach 30 million. The rapid increase in the number of tourists is forcing research on the behavior of cruise ships. In particular, with the further improvement of the supporting facilities of the cruise port in Sanya Phoenix Island and the non-freezing port throughout the year, the cruise routes in Southeast Asia and Northeast Asia can be opened, and the potential tourist market for cruise ships is huge (in 2017, Hainan Province received 67,450,100 tourists, and all the tourists in Hainan will be the potential consumers for cruise tour). It is very urgent to study on the motivation of cruise tourists in Sanya.

3 Analysis on the cruise tourists' motivation in Sanya

3.1 Analysis on the factors affecting cruise travel in Sanya

In the research of the factors affecting the purchase decision of cruise tourists, domestic scholars analyze the influence of various factors on the consumption behavior of cruise tourists based on the model of "purchase-decision" and construct the model as shown in the following figure:

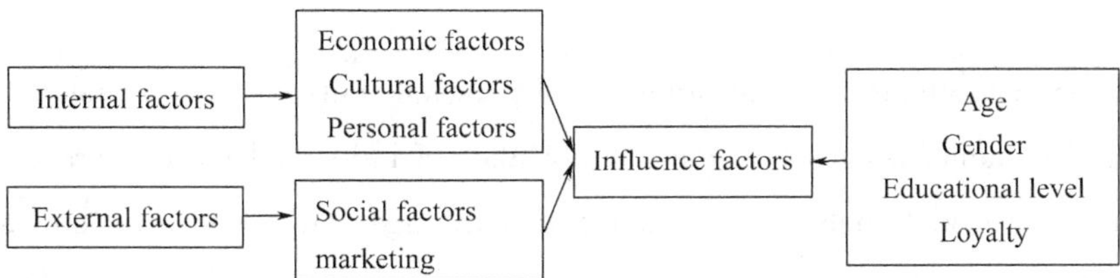

Figer 3.1 Model of the influencing factors on cruise passengers

3.1.1 Analysis on internal factors

(1) Economic factors

The freely dominant economy of cruise ship owners has an impact on the generation of cruise purchase decisions and decision bias.

According to the survey on the acceptability of cruise passenger price, the cruise passengers in Sanya have a higher price concern for cruise travel, and 54.19% of the tourists said they can accept the price: less than 5,000 yuan/person, and as the price increases, the willingness to travel by cruise has fallen sharply.

(2) Cultural factors

At present, the number of local cruise ships in China is very small, and international cruise companies are basically monopolized by Western countries. The cruise itself is a certain form of carrier and performance of Western culture, and it also reflects the differences in people's lifestyles in different environments.

A survey of cruise tourism awareness in Sanya found that about 60% of cruise tourists have little or no clarity about cruise tourism, and another 40% of respondents only said that they have heard of cruise travel, but they have no idea of cruise destinations and cruise tourism products. This shows that the awareness of current cruise tourism in Sanya is very low, which has greatly restricted the development of cruise tourism.

(3) Personal factors

Cruise tourists with different ages, occupations, educational levels, and different ability to accept new things will have greater differences in the understanding of cruise travel and the purpose of travel, and all of these will affect consumer behavior.

In order to understand the influence of personal traits on the understanding of cruises, the author selects the relevant variables of individual basic characteristics for regression model analysis. It is found that the age, education level and family income level of cruise tourists have a greater impact on cruise awareness and related cognition. Residents with relatively mature ages, high levels of education, and affluent family conditions are more aware of cruise tourism.

3.1.2 Analysis on external factors

(1) Cruise facilities

For cruise, it generally includes: catering, cabin, gyms, duty-free shops, swimming pools, children's parks and other services and entertainment venues, compared with high-star hotels on land, it can better meet the needs of leisure travel vacations for cruise tourists.

(2) Shore Excursion

Another cruise travel product is shore excursion, which customers can visit the destination city, which complies with traditional Chinese people's travel. Therefore, the quality and content of the shore excursion is another factor that attracts visitors.

(3) Other factors

Other influencing factors can be understood as the way of cruise marketing and the attraction of emerging things. Firstly, the cruise marketing method directly acts on the channels and sources of information for cruise tourists. In addition, the attraction of emerging things will add to the taste of cruise travellers. For example, the Princess Cruise adds a wedding hall; the Quantum of the Seas adds Polaris.

According to the above analysis, the author found that the ranking of objective factors for cruise tourists in Sanya are: theme products on board(31%), cruise facilities(28%), onshore sightseeing activities (22%), service level (14%) and marketing (5%). This data shows that the attention of cruise tourists has gradually shifted to the products of the cruise ship, namely the design of the theme product activities and the cruise facilities. Improving the quality of onshore sightseeing activities and enriching cruise routes are of great significance for the development of Hainan cruise tourism market.

3.2 Analysis on the motivation of cruise tourists in Sanya

In order to further analyze the motivation of Sanya cruise passengers, through principal component and factor analysis, this paper gets seven main factors: factor 1 is defined as onboard entertainment motivation; factor 2 is defined as the motivation for onshore travel; factor 3 is escaping from reality; factor 4 is called early adopters; factor 5 is aesthetic motivation; factor 6 is realistic motivation; factor 7 is learning and exploring motivation.

4 Suggestions on the expansion of cruise tourism market in Sanya

4.1 Diversification of cruise price combinations

Regarding the realistic motives of cruise tourists, the important reason for choosing cruise travel is the price. For Hainan cruise tourism market, the price should be controlled at a more affordable price. At the same time, various combinations of prices can be considered, such as combining the price of the guest room with the SPA, and combining the room with the onshore sightseeing.

4.2 Develop multi-theme cruise voyages

In the above survey, more than half of the respondents hope to participate in cruise tourism with their families. Cruise companies can divide the target market into honeymoon market, family market, elderly market and office-workers market.

Firstly, from the view of time and travel expenses, newlyweds attach great importance to honeymoon travel, and they have sufficient travel time with sufficient travel expenses plans, so for them the destinations can be romantic such as Maldives and Bali. The cruise company can also launch a cruise voyage with the theme of "love" at special occasions such as "Valentine's Day, Qixi Festival, 520". Secondly, for office workers and family market, due to the lack of free time, 2 ~ 3 days cruise route on the high seas can be added to attract them on weekends. Thirdly, for the elderly market, due to factors such as physical health, the number of voyage days should not be too long, the destination should be located in the surrounding areas, such as Thailand, Vietnam, the Philippines and other Southeast Asian regions.

4.3 Create a dedicated cruise travel APP

With the rapid development of the Internet era, smartphones are popular all over the world, and APP is widely used. In order to comply with the development trend of the times, it is extremely urgent to create an APP with unique cruise tourism message. This app can be divided into the following four sections. First, "Understanding cruise tourism" is divided into two major sections: the interpretation of the concept of cruise tourism, and some basic information of the cruise itself and the cruise company. Second, "Discovering the beauty of cruise tourism" is mainly presented in the form of travel notes and videos. Third, "Experience Cruise Tour" mainly introduces a variety of cruise tourism products to visitors through reading travel notes. Fourth, "Cruise Travel Secretary" is mainly to answer the relevant questions of tourists, as well as accompanying travel tips. What is more important, the marketing promotion of APP is also crucial, some online software such as WeChat, Weibo, forums and other platforms should be used to broadcast cruise travel information.

参考文献

[1] HOSANY S, WITHAN M. Dimensions of Cruisers' Experiences, Satisfaction, and Intention to Recommend [J]. Social Science Electronic Publishing, 2010,49(3):351-364.

[2] ZHANG W Y, YU S H, YAN W. Research on the Decision making of Cruise Tourists' Consumption Based on MOA Theory[J]. Consumer Economics, 2013(3): 65-70.

[3] WU M W. Research on the Structure and Optimization of Cruise Tourism System [D]. Shanghai:Shanghai Normal University,2010.

[4] QIAO Y. Analysis of Shanghai Cruise Tourism Strategy[J]. Modern Business Industry,2010(1):113-114.